ROMAN HERZOG | INSTITUT

Die Zukunft der Arbeit

2020
DER ZUKUNFTSNAVIGATOR

»DIE NOTWENDIGKEIT DER KOMMUNIKATION UND DES GEGENSEITIGEN KENNENLERNENS IST HEUTE EINE HUMANISTISCHE, POLITISCHE UND KULTURELLE HERAUSFORDERUNG.«

ROMAN HERZOG

VORWORT

Deutschland im Umbruch: Demografischer Wandel und Zuwanderung verändern die Gesellschaft, durch Digitalisierung und Globalisierung entstehen neue Strukturen in der Arbeitswelt. All das sorgt für Verunsicherung, wirft substanzielle Fragen auf. Antworten darauf wird man nicht in alten Patentlösungen finden. Gewohntes muss auf den Prüfstand. Es braucht Raum für Visionen.

Hier setzt das Roman Herzog Institut (RHI) an: Seit 2002 bittet es jedes Jahr Experten aus Wirtschaft, Politik, Zivilgesellschaft und Wissenschaft, über die relevanten und substanziellen Zukunftsthemen aus verschiedenen Blickwinkeln zu berichten.

So auch 2019: Zwölf Monate lang hat das RHI in Workshops, Fachsymposien und Salonstreitgesprächen den gesellschaftlichen Diskurs vorangetrieben. Mitgeholfen, starre Grenzen zwischen Fachdisziplinen zu überwinden, innovative Handlungskonzepte für die Zukunft zu erarbeiten.

Die vorliegende Publikation nannte man früher ein »Jahrbuch«. Chronologisch wurde aufgelistet, was im vergangenen Jahr wie und warum stattfand. Business as usual! Jahrbücher im klassischen Sinne will keiner mehr lesen. Deshalb will dieses Buch neue Wege gehen. Wir wollen unterschiedliche Perspektiven aufgreifen und zugleich nach einem roten Faden suchen, der die Aktionsfelder und Denkräume eines Instituts miteinander verbindet. Darüber hinaus fragen wir: Was verbindet das Roman Herzog Institut mit Wirtschaft und Gesellschaft, mit Unternehmer- und Bürgertum, mit sozialer Marktwirtschaft und Politik?

VORWORT 5

Unser roter Faden beginnt in einer fernen Galaxie. Wir schreiben das Jahr 2219. Konturen, Ränder und Schemen lassen erahnen, welche Zukünfte möglich sind. Im nächsten Schritt reisen wir zeitlich zurück und landen im Jahr 2019 auf der Erde. Im Hier und Jetzt. Große Entwicklungen und Herausforderungen. Sie betreffen uns alle. Die nächste Etappe führt uns auf den Kontinent Europa. Mögliche Lösungsansätze werden sichtbar. Überraschende, ungewöhnliche und konstruktive Ergebnisse, mit denen Wirtschaft und Gesellschaft ein Stück besser verstanden werden können.

Wir fahren weiter, werden langsamer, schauen noch genauer hin. Und blicken jetzt auf Deutschland. Unser Land. Einer der wiederkehrenden Diskurse, das Grundeinkommen, beschäftigt weiterhin Wissenschaft und Publizistik. Pro und Contra suchen Verbindungslinien. Die Reise durch Raum und Zeit endet schließlich in der Stadt. Dort tummeln sich viele Antworten und Fragen. Türen öffnen sich ins nächste Jahr.

2020. Wir sind dabei.

Randolf Rodenstock und Neşe Sevsay-Tegethoff

6 DER ZUKUNFTSNAVIGATOR

GALAXIE

BERND FLESSNER
10 **EIN SPEKULATIVES BASE-CASE-SZENARIO**

CHRISTINE GALLMETZER
24 **EIN LEUCHTENDER FUTURE-PFAD**

ANDREAS BRANDHORST
38 **EIN GALAKTISCHER AUSSICHTSTURM**

PLANET

REINHARD MARX
54 **SOZIALSTAAT WIE?**

CHRISTOPH M. SCHMIDT
68 **STRUKTURWANDEL WIE?**

GERHARD ROTH
94 **STARK WIE?**

MARTINA HESSLER
114 **ARBEITEN WIE?**

DAMIAN BORTH
130 **KONTROLLE WIE?**

INHALTSVERZEICHNIS 7

KONTINENT

PETER EPPINGER
150 **GLOBALISIERUNG IST KEIN JOBKILLER**

CHRISTINA HERTEL
160 **DÖRFER SIND NICHT DEM TOD GEWEIHT**

SUSANNE VELDUNG
170 **EIGENWOHL UND GEMEINWOHL SIND KEIN GEGENSATZ**

LAND

THOMAS STRAUBHAAR
182 **BEDINGUNGSLOSES GRUNDEINKOMMEN PRO**

GEORG CREMER
194 **BEDINGUNGSLOSES GRUNDEINKOMMEN CONTRA**

208 **7 X BGE ZUM NACHDENKEN**

STADT

210 **10 FRAGEN, 10 THESEN FÜR 2020**

236 **AUTOREN**

8 EIN ZUKUNFTSFORSCHER, EINE KÜNSTLERIN UND EIN SCIENCE-FICTION-AUTOR BLICKEN FÜR UNS IN DIE ZUKUNFT.

ENTDECKEN SIE UNGEWÖHNLICHE BILDER, ASSOZIATIONEN, SPEKULATIONEN, VERMUTUNGEN, WAHRHEITEN, PERSPEKTIVEN UND SICHERHEITEN!

GALAXIE 9

BERND FLESSNER
10 **EIN SPEKULATIVES BASE-CASE-SZENARIO**

CHRISTINE GALLMETZER
24 **EIN LEUCHTENDER FUTURE-PFAD**

ANDREAS BRANDHORST
38 **EIN GALAKTISCHER AUSSICHTSTURM**

10 GALAXIE

INTRO

Zukunftsforschung befasst sich weniger mit Prognostik als allgemein angenommen. Zum einen ist die Zukunft offen und stark kontingenzbestimmt, sie lässt sich also mithilfe von Prognosen, die ja konkrete Angaben verlangen, nicht in den Griff bekommen. Zum anderen sind Prognosen an der Konstruktion jener Zukunft beteiligt, die sie vorhersagen, indem sie sie vorhersagen. Sie stellen also keine externen, neutralen Positionen dar, sondern sind nicht zu unterschätzende pro- und präaktive Einflussfaktoren. Und als solche werden sie heute auch in der Forschung reflektiert.[1]

Dennoch soll die Bedeutung von Prognosen nicht geschmälert werden, denn sie fließen in unsere Zukunftsdiskurse ebenso ein wie Planungen aller Art oder die Entwürfe der Science-Fiction.[2] Prognosen, wie und von wem auch immer erstellt, zählen auch zu den Quellen, die für die Erstellung von Szenarien benötigt werden. Szenarien sind Modelle möglicher Zukünfte und respektieren – im Gegensatz zu Prognosen – die Offenheit der Zukunft. Sie liefern Gesellschaft, Politik und Unternehmen kein gesichertes Faktenwissen, sondern ungesichertes, aber fundiertes Orientierungswissen.[3] Die offene Zukunft wird auf möglich-wahrscheinliche Zukünfte hin sondiert, die vor uns liegenden Entwicklungen werden als Möglichkeitsraum definiert, symbolisiert durch die Öffnung eines Szenariotrichters.[4]

---

1 Vgl.: Elena Esposito: *Die Fiktion der wahrscheinlichen Realität*. Frankfurt am Main 2007, S.62f.

2 Vgl.: Karlheinz Steinmüller: »Zeichenprozesse auf dem Weg in die Zukunft: Ideen zu einer semiotischen Grundlegung der Zukunftsforschung«, in: *Zeitschrift für Semiotik*, Bd. 29, Heft 2-3 (2007), S. 157–176, S. 167.

3 Hannah Kosow / Robert Gaßner: »Methoden der Zukunfts- und Szenarioanalyse. Überblick, Bewertung und Auswahlkriterien«, in: *IZT Werkstattbericht* Nr. 103. Berlin 2008, S. 6.

4 Ebd.: S. 12.

BERND FLESSNER
EIN SPEKULATIVES BASE-CASE-SZENARIO

Der historische Horizont von 200 Jahren ist natürlich für eine fundierte Szenariostudie, wie sie etwa als »Delivering Tomorrow. Logistik 2015« im Auftrag von DHL vorliegt, viel zu groß.[5] Schon bei einem Zeithorizont von 2050 ist der Kontingenzfaktor eklatant, für den Zeithorizont von 2222 sind Kontinuitäten nicht mehr verifizierbar. Es fehlen also jene langfristig wirksamen Transformationsprozesse wie Megatrends, die für Studien mit deutlich geringerem Zeithorizont so unabdingbar sind.

Das nachfolgende Szenario ist also spekulativ und basiert auf Annahmen und Modellen möglicher Zukünfte, wie sie etwa die Science-Fiction vorgibt. Um die Welt in 200 Jahren zu skizzieren, wäre eine große Anzahl von Szenarien notwendig, die den gesamten Bereich von Best Case bis Worst Case abdeckt. Da dies nicht zu leisten und auch nicht beabsichtigt ist, soll ein Base-Case-Szenario präsentiert werden, das auf folgenden Annahmen basiert:

1. Die Menschheit meistert alle Krisen vom Klimawandel über das Artensterben bis hin zu Rüstungswettläufen. Sie fällt also keinem selbst verschuldeten Genozid zum Opfer.
2. Die Menschheit verliert sich nicht in trans- und posthumanistischen Träumen, sondern lernt, die künstliche Intelligenz als sinnvolles Werkzeug zu nutzen.
3. Die Menschheit setzt Grenzen für genetische Manipulationen der Spezies Homo sapiens.
4. Die ökologische wie ökonomische Entwicklung der Menschheit stabilisiert sich nach mehreren schweren Modernisierungskrisen.
5. Die Zeiten einer politischen Fraktalisierung sind vorüber, eine globale und rationale Perspektive dominiert.

---

5   DHL (Hg.): Delivering Tomorrow. Logistik 2050. Eine Szenariostudie. Bonn 2012.

12 **GALAXIE**

EIN SPEKULATIVES

BASE-
SZEN

BERND FLESSNER 13
ZUKUNFTSFORSCHER, NÜRNBERG

CASE ARIO

Die Welt des Jahres 2222 ist eine gänzlich andere als die gegenwärtige. In den dazwischenliegenden über 200 Jahren haben weitaus mehr Veränderungen stattgefunden als in den vergangenen. Der häufig bemühte Blick zurück ist nicht hilfreich, da die »beschleunigte Schnelligkeit des modernen Wirklichkeitswandels«, wie Odo Marquard das Phänomen nennt, für ein bislang unbekanntes Transformationstempo sorgt.[6] Die kommenden 200 Jahre entsprechen also eher einem Zeitraum von 300 oder sogar 400 vergangenen Jahren.

Wissenschaftlich-technische Forschung und Entwicklung sind aktuell umfassend institutionalisiert und privat oder staatlich finanziert wie nie zuvor in der Geschichte. Rein statistisch kamen 2016 auf 1000 in Vollzeit arbeitende Personen in Deutschland 8,5 Wissenschaftler. In den USA waren es 8,7.[7] Laut Werner Marx und Gerhard Gramm vom Max-Planck-Institut in Stuttgart ist im Jahr 2000 die Zahl der examinierten Wissenschaftler weltweit auf über 100 Millionen angewachsen, Tendenz steigend.[8]

Das Transformationstempo ist also nicht mit dem von vor 200 Jahren vergleichbar. Für eine weitere Beschleunigung ist der Einsatz von künstlicher Intelligenz verantwortlich, die zunehmend Forschungsaufgaben übernimmt und automatisiert.[9] Die Wissensproduktion wird also bereits in der nahen Zukunft noch einmal stark zunehmen, qualitativ wie quantitativ. In 200 Jahren könnten superintelligente »Wissensmaschinen« große Bereiche der Forschung übernehmen und gewünschte

---

6 Odo Marquard: *Apologie des Zufälligen*. Stuttgart 1986, S. 82.

7 https://de.statista.com/statistik/daten/studie/37066/umfrage/wissenschaftler-und-forscher-an-der-gesamtzahl-der-arbeiter-im-laendervergleich/

8 Werner Marx / Gerhard Gramm: Literaturflut – Informationslawine – Wissensexplosion. Wächst der Wissenschaft das Wissen über den Kopf? (1994/2002) – http://www.mpi-stuttgart.mpg.de/ivs/literaturflut.html

9 https://www.heise.de/newsticker/meldung/Kuenstliche-Intelligenz-als-Hilfswissenschaftler-KI-revolutioniert-die-Forschung-4158507.html

Forschungsergebnisse innerhalb von Minuten oder Sekunden generieren.[10] Eine automatisierte und extrem beschleunigte Wissensproduktion gekoppelt an ein ebenfalls KI-basiertes Innovationsmanagement und eine automatisierte Güterproduktion sind keineswegs unwahrscheinlich und auch immer wieder Thema von Science-Fiction-Romanen, etwa in *Eden* von Stanislaw Lem.[11]

Im Jahr 2222 ist die Erde von einer intelligenten Technosphäre umgeben, die wesentliche Aufgaben der menschlichen Zivilisation übernommen hat, während die menschliche Komponente einerseits nur noch eine subalterne Rolle spielt, andererseits eine kontrollierende.[12] Das Gewicht dieser Technosphäre erreichte 2016 bereits 30 Billionen Tonnen; auf jeden Quadratmeter entfielen also 50 Kilogramm.[13] In 200 Jahren wird ein Vielfaches dieses Gewichts erreicht sein. Die intelligente Technosphäre wird den Menschen umgeben wie einst die Biosphäre, deren Schutz- und Versorgungsfunktionen sie ebenfalls übernommen hat. Das Anthropozän dominiert und steht außer Frage. Natur ist noch vorhanden, jedoch auf eine museale Kategorie reduziert. Schutzgebiete gibt es natürlich, die Technosphäre arbeitet ökologisch auf hohem Niveau, Müll im Sinne von Restmüll existiert nicht mehr. Die Assembler können alle Materialien recyceln. Genarchive und andere Einrichtungen sorgen dafür, dass ein Großteil der ausgestorbenen Spezies jederzeit wieder regeneriert werden kann.[14]

---

10 Bernd Flessner: »550 Jahre FAU. Quantencomputer sind veraltet, Kristallspeicher nutzt kein Mensch mehr. Dafür gibt es Wissensmaschinen, die sich direkt mit dem Gehirn vernetzen lassen. Eine Zeitreise ins Jahr 2293«, in: *Friedrich. Forschungsmagazin der FAU*, Nr. 117 (November 2017), S. 90–93.

11 Stanislaw Lem: *Eden. Roman einer außerirdischen Zivilisation*. Frankfurt am Main 1983 (Warschau 1959).

12 Vgl.: Katrin Klingan / Christoph Rosol (Hg.): *Technosphäre*. Berlin 2019.

13 https://www.scinexx.de/news/technik/technosphaere-der-erde-wiegt-30-billionen-tonnen/

14 Vgl.: Thomas Bodner: *Globales Genarchiv Trondheim: die Konservierung von Geninformationen mariner Lebewesen zur Erhaltung der Biodiversität*. Innsbruck 2018.

16 GALAXIE

Die sich selbst steuernde und optimierende Technosphäre arbeitet indes nicht fehlerfrei, sondern ist auch von Krisen unterschiedlicher Art betroffen. Schwere Krisen bleiben allerdings aus, das globale System läuft dank zahlreicher Sicherheitseinrichtungen weitgehend stabil. Im Prinzip ist die intelligente Technosphäre das Resultat eines hochentwickelten »Internet of Things« beziehungsweise eines »Internets of Everyting«.[15] Die einst noch getrennten Segmente sind im Laufe der Zeit konvergiert und bilden nun ein geschlossenes System.

Lassen sich über technologische Zukünfte noch halbwegs schlüssige Aussagen machen, so gilt dies nicht für soziale, politische und kulturelle Entwicklungen.[16] Für den angesetzten Zeithorizont ist man auf Spekulationen angewiesen. Für das Base-Case-Szenario wird eine Entwicklung angenommen, in der die Menschheit mehrere gravierende Krisen zwar nicht gerade gemeistert, aber immerhin ganz gut überstanden hat. Auch wenn Hegel behauptet, »dass Völker und Regierungen niemals etwas aus der Geschichte gelernt und nach Lehren, die aus derselben zu ziehen gewesen wären, gehandelt haben«, so hat die Menschheit doch eine passable soziale wie kulturelle Entwicklung vorzuweisen.[17] Außerdem erfüllt die intelligente Technosphäre auch die Funktion einer Ethosphäre, wie sie von Stanislaw Lem im Roman *Lokaltermin* beschrieben wird.[18] Das Gewaltmonopol liegt also ebenfalls bei der Technosphäre und entlastet damit staatliche Institutionen, deren Bedeutung längst rudimentär ist. Letztendlich sind es »intelligente Din-

---

15 Vgl.: Beniamino Di Martino / Laurence Tianruo Yang / Antonio Esposito / Kuan-Ching Li (Hg.): *Internet of Everything. Algorithms, Methodologies, Technologies and Perspectives*. Berlin 2018.

16 Vgl.: Angela Steinmüller / Karlheinz Steinmüller: *Die Zukunft der Technologien*. Hamburg 2006.

17 Georg Wilhelm Friedrich Hegel: *Vorlesungen über die Philosophie der Weltgeschichte. Bd. 1: Die Vernunft in der Geschichte*. Hamburg 1994, S. 19.

18 Stanislaw Lem: *Lokaltermin*. Frankfurt am Main 1985 (Krakau 1982).

ge«, die den »Menschen schützen« und ihn ohnehin in einem Internet of Everything implizieren.[19] Der Mensch selbst ist Segment seiner eigenen Technosphäre, die Gewalt gegen andere systemisch verunmöglicht.

In der Welt des Jahres 2222 sind nicht nur Beziehungen unterschiedlicher Art selbstverständlich, sondern auch Beziehungen zwischen Menschen und Maschinen, die man heute noch als Roboter bezeichnet, in 200 Jahren jedoch unter ganz anderen Aspekten sieht. Sie sind emanzipierte und gleichberechtigte Segmente der intelligenten Technosphäre. Sie fungieren auch als Partner bei kulturellen oder künstlerischen Tätigkeiten, als Freund und Kollege.[20]

WIE SIEHT DIE ARBEIT IN 200 JAHREN AUS?

Die Entwicklung der KI, der Robotik und der Nanotechnologie ist derart weit fortgeschritten, dass faktisch jeder Arbeitsprozess automatisiert werden kann.[21] Der Mensch ist in keinem Arbeitsbereich mehr erforderlich, die gesamte Güterproduktion ist komplett automatisiert – von der Rohstoffgewinnung bis hin zur Endfertigung. Im Kern basiert die Produktion von Konsumgütern auf molekularen Assemblern, die eine weit fortgeschrittene Nanotechnologie nutzen, um Materialien und Pro-

---

19 Angela Steinmüller / Karlheinz Steinmüller: *Visionen. 1900–2000–2100. Eine Chronik der Zukunft*. Frankfurt am Main 1999, S. 482.

20 Wolfgang Stieler: »Der Roboter als Freund«, in: *Technology Review* vom 21.03.2012, https://www.heise.de/tr/artikel/Der-Roboter-als-Freund-1473300.html?seite=all

21 Vgl.: Eric Drexler: *Engines of Creation. The Coming Era of Nanotechnology*. New York 1986; Raymond Kurzweil: *Die Intelligenz der Evolution. Wenn Mensch und Computer verschmelzen*. Köln 2016, S. 227.

dukte aller Art zu generieren.[22] Es handelt sich dabei um »Molekular-Maschinen« oder »Molekular-Assembler«, die in der Lage sind, jedes gewünschte Produkt in kürzester Zeit aus vorhandenen Ressourcen zu generieren, und zwar im Bottom-up-Design, also von der atomaren Ebene an aufwärts.[23] Der KI-Forscher Raymond Kurzweil beschreibt dieses Ziel folgendermaßen:

»Nahrung, Kleidung, Diamantringe, Gebäude könnten sich alle Molekül für Molekül selbst zusammensetzen. Jede Art von Produkt könnte sofort geschaffen werden, wann und wo wir es brauchen. Tatsächlich könnte sich die ganze Welt ständig neu zusammensetzen, um unsere wechselnden Bedürfnisse, Begierden und Fantasien zu befriedigen. Im späten 21. Jahrhundert wird es nanotechnisch möglich sein, dass Möbel, Gebäude, Kleidungsstücke, ja sogar Personen ihre äußere Erscheinung und ihre Eigenschaften in Sekundenbruchteilen ändern und sich praktisch in etwas anderes verwandeln.«[24]

Auch wenn Kurzweils Vision äußerst optimistisch formuliert ist, vermittelt sie dennoch eine Vorstellung von der Technologie im Jahr 2222. Zum Einsatz kommen aber auch weit fortgeschrittene Fabbing-Maschinen, die etwa Häuser, Flugzeuge und Raumschiffe bauen.[25] Die Fabbing-Technologie, zu der auch der 3-D-Druck zählt, schließt gewissermaßen die Lücke zwischen Assemblern und konventionellen Produktionsprozessen.

---

22 Eric Drexler / John Randell u.a. (Hg.): *Productive Nanosystems. A Technology Roadmap*. La Jolla 2007, https://www.foresight.org/roadmaps/Nanotech_Roadmap_2007_main.pdf

23 Angela Steinmüller / Karlheinz Steinmüller: *Visionen. 1900–2000–2100. Eine Chronik der Zukunft*. Frankfurt am Main 1999, S. 361 ff.

24 Raymond Kurzweil: *Die Intelligenz der Evolution. Wenn Mensch und Computer verschmelzen*. Köln 2016, S. 227.

25 Vgl.: Ian Gibson / David Rosen / Brent Stucker: *Additive Manufacturing Technologies: 3D Printing, Rapid Prototyping, and Direct Digital Manufacturing*. New York 2014.

Menschliche Arbeit ist somit – zumindest für die Produktion von Konsumgütern aller Art – nicht mehr erforderlich. Sie findet aber dennoch statt, erfüllt jedoch eine andere Funktion als 2019. Die zurückliegenden Automatisierungs- und Modernisierungsschübe haben auch das Verständnis und die Definition von Arbeit umfassend verändert. Den Begriff »Arbeit« gibt es 2222 nicht mehr; er zählt zu den vielen Archaismen, den verschwundenen Wörtern. An die Stelle des alten Begriffs ist ein Begriff getreten, der sich im weitesten Sinn mit »Tun« beschreiben lässt. Der Mensch dieses Szenarios tut etwas, und dies selten alleine, sondern oft in einer Gruppe, die man früher Projektgruppe genannt hätte. Eine solche Gruppe unternimmt beispielsweise Kontrollaufgaben und Inspektionsreisen zu Produktionsstätten, die sich auch auf anderen Planeten oder Asteroiden befinden können.[26] Kontrolltätigkeiten sind von großer Bedeutung für das »Tun« und somit sinnstiftend. Aber auch soziales und ästhetisches »Tun« stehen hoch im Kurs.

Andere Bereiche des Tuns sind retrograde Tätigkeiten, also eigentlich nicht mehr erforderlich. Sie werden dennoch ausgeübt, da sie dem Leben Sinn in Form von Spaß und Befriedigung verleihen. Vom Gärtnern bis zum Komponieren, vom Reparieren älterer Geräte bis zum Schauspiel ist alles dabei.

Die Gesellschaft sanktioniert diese und andere Tätigkeiten sehr positiv. Dazu zählen auch Tätigkeiten, die 2019 als ehrenamtlich bezeichnet worden wären, 2222 jedoch ganz alltäglich und in das Leben eingebettet sind. Viele Tätigkeiten dienen der Selbstverwirklichung, auch wenn der 2222 längst antiquierte Begriff dieses Telos des »Tuns« nur sehr unzureichend beschreibt. Im Prinzip geht es darum, die eige-

---

26 Vgl.: Angela Steinmüller / Karlheinz Steinmüller: *Visionen. 1900–2000–2100. Eine Chronik der Zukunft.* Hamburg 1999, S. 448 f.

nen körperlichen wie kognitiven Fähigkeiten auszuloten, dabei jedoch nicht in Konkurrenz zu den Möglichkeiten der Technosphäre zu treten. Selbstverständlich sind kreative Algorithmen und Programme jedem menschlichen Künstler überlegen, dennoch sehen viele Menschen in künstlerischen Tätigkeiten eine Bereicherung ihres Lebens. Aus diesem Grund wird auch weiterhin musiziert, Sport getrieben oder fotografiert. Das Ziel ist nicht mehr das irgendwie verwertbare Produkt, sondern das Verhältnis zum eigenen Produkt. Das »Tun« ist von entfremdeter Arbeit weit entfernt und dient nicht mehr ökonomischen Zwecken oder Zielen, sondern hat sich von diesen vollständig emanzipiert. Das »Tun« ist eher einer Meditation vergleichbar und gilt als gesund, ohne etwa esoterisch aufgefasst zu werden.[27]

WOVON WERDEN WIR DANN LEBEN?

Das ökonomische Grundprinzip der Arbeit als Ware, für die es einen Markt gibt, ist 2222 längst obsolet und antiquiert. Für Arbeit gibt es keinen Markt mehr. Die Gesellschaft ist auch keine Leistungsgesellschaft oder Wettbewerbsgesellschaft mehr wie noch im 21. Jahrhundert, sondern eine wissensbasierte, moderate Enhancement-Gesellschaft, zu deren Zielen die Weiterentwicklung der Persönlichkeit sowie persönlicher Erkenntnisgewinn gehören.[28] Ein ungezügeltes Streben nach materiellem Besitz ist kein relevantes Ziel mehr, da jeder dank der Assembler über materielle Güter verfügen kann. Ein sozialer Wettbewerb, der auf Besitz basiert, ist daher ein absurdes Unterfangen. Auch Geld im 2019 üblichen Sinn existiert nicht mehr.[29] Die 2222 üblichen Pro-

---

27 https://www.spiegel.de/plus/wie-meditieren-die-gesundheit-staerkt-a-00000000-0002-0001-0000-000095169259

28 Vgl: Dierk Spreen: *Upgradekultur. Der Körper in der Enhancement-Gesellschaft.* Bielefeld 2015.

29 Vgl: Ulrich Hämenstädt: *Theorien der Politischen Ökonomie im Film.* Wiesbaden 2013.

duktionsmethoden von Konsumgütern, die der gesamten Menschheit zur Verfügung stehen, machen Geld als ökonomisches Tauschmittel überflüssig. Die Menschen leben von der Teilhabe und Teilnahme an diesen nanotechnologischen Produktionsmethoden der Technosphäre. Da die Ökonomie wissensbasiert ist, dieses Wissen wiederum allgemein und ubiquitär zugänglich ist, gibt es auch keine Konzerne mehr.

Die Ökonomie ähnelt jener des Star-Trek-Universums, in dem es weder Geld noch nennenswerten Privatbesitz gibt, das jedoch keineswegs sozialistisch im bekannten ideologischen Kontext ist. Das kapitalistische System wurde aber ebenfalls überwunden; es ist 2222 ebenso historisch überholt, wie es die Lehenswirtschaft des Mittelalters im 20. Jahrhundert war. Ein Gehalt, ein Honorar, ein pekuniäres Einkommen etc. gibt es 2222 nicht mehr, jedenfalls keines, das heutigen Vorstellungen entspricht. Rick Webb schreibt über die Star-Trek-Ökonomie: »Those jobs are paid in the sense that your energy allocation is increased in the system.«[30] Interdependenz und Tausch als Basis ökonomischen Handelns sind also auch im Star-Trek-Universum zu finden, folgen jedoch anderen sozialen Prämissen. Der Wirtschaftswissenschaftler Karl-Heinz Saurwein beschreibt das klassische Modell:

»Im ökonomischen Modell bildet die Interdependenz der individuellen Nutzenschätzungen die Grundlage des Austauschs von Gütern und Diensten. Diese Interdependenz beruht auf der Verschiedenheit der Bedürfnislagen und der situationsspezifischen Interessen am Tausch sowie auf der subjektiv eingeschätzten Vorteilhaftigkeit durch die Teilnahme an Austauschprozessen.«[31]

---

30 Rick Webb: *The Economics of Star Trek. The Proto-Post-Scarcity Economy. Fifth Anniversary Edition Revised and Expanded with a Foreword by Manu Saadia*. USA 2019 (Independently published), S. 47.

31 Karlheinz Saurwein: *Ökonomischer Tausch und soziale Interaktion*. Opladen 1988, S. 111.

Die Vorteilhaftigkeit bezieht sich im Star-Trek-Universum jedoch nicht auf Pekuniäres, Materielles oder Macht, sondern auf eine mögliche Weiterentwicklung der Persönlichkeit, des Individuums. Sollte es dennoch einmal ein Mensch darauf abgesehen haben – schließlich ist auch dies keine vollkommene Gesellschaft –, »the system simply says ›no‹.«[32] Unterschiedliche Steuerungs- und Kontrollmaßnahmen inklusive der Ethosphäre verhindern entsprechende Ambitionen. Das System selbst lässt den Rückfall in längst vergangene Zeiten nicht mehr zu. Auch wenn der utopische Impetus evident ist, muss dieses Gesellschaftsmodell keineswegs unrealisierbar sein.[33] Auch unsere aktuellen Gesellschaften implizieren Qualitäten und Kennzeichen, die im 17. oder 18. Jahrhundert als utopisch eingestuft worden sind.[34]

WIE VERTEILEN WIR DEN WOHLSTAND?

Die Nutzung der molekularen Assembler und anderer Produktionsmethoden ist technologisch wie juristisch geregelt und wird von einer entsprechenden KI innerhalb der Technosphäre überwacht. Jeder Mensch darf die Assembler nur für seine unmittelbaren Bedürfnisse nutzen, dabei jedoch keine Ressourcen vergeuden, da diese nach wie vor limitiert sind. Das ökologische Gleichgewicht spielt – nach Überwindung zahlreicher Krisen – eine zentrale Rolle und ist fest in der Technosphäre implementiert. »Wohlstand«, 2222 ebenfalls ein Archaismus, steht allen zur Verfügung. Dennoch ist die Gesellschaft, wie bereits dargelegt, keine sozialistische, vielmehr eine postideologische, die diesen Begriff ebenso wenig kennt wie den des Kapitalismus.

---

32 Rick Webb, 2019, S. 46.

33 Vgl.: Elena Esposito: *Die Fiktion der wahrscheinlichen Realität*. Frankfurt am Main 2007, S. 62 f.

34 Hiltrud Gnüg: *Der utopische Roman*. München / Zürich 1983, S. 12 ff.

Diese Gesellschaft könnte man, wie gesagt, als moderate Enhancement-Gesellschaft bezeichnen, die viele Ungleichheiten hat beseitigen können, aber nicht alle. Diese beziehen sich vor allem auf den Grad des individuellen Enhancements. Und natürlich gibt es auch Menschen, die auf jegliches »Tun« verzichten. »Some people might not work«, schreibt Rick Webb. »So what? Good for them. Most still will.«[35] Für die Gesellschaft als Ganzes spielt diese Entscheidung Einzelner keine Rolle, hat doch die Mehrheit eine ganz andere getroffen.

Aber dies ist nur eines von vielen möglichen Szenarien und nicht mehr als das Modell einer möglichen Zukunft. •

---

35 Rick Webb, 2019, S. 47.

24 **GALAXIE**

EIN LENS
FUTUR

CHRISTINE GALLMETZER   25
KÜNSTLERIN, MÜNCHEN UND BOZEN

ARBEIT I

Links: Mehr Intelligenz, Wissen und Urteilskraft, *Enigma*
Rechts: Emotion statt Maschinenvernunft, *Umarmung*

CHRISTINE GALLMETZER 27
EIN LEUCHTENDER FUTURE-PFAD

28 GALAXIE

ARBEIT II

Links: Revolutionäre Biotechnologien, *Connection*
Rechts: Molekulare Nanotechnologien, *The Captured Sky*

CHRISTINE GALLMETZER 29
EIN LEUCHTENDER FUTURE-PFAD

30 GALAXIE

CHRISTINE GALLMETZER 31
EIN LEUCHTENDER FUTURE-PFAD

BASIC NEEDS I

Links: Energie für alle, *Neue Energiequellen*
Rechts: Wasser für alle, *Turmspringerin*

32 GALAXIE

BASIC NEEDS II

Links: Gutes Essen, *Vertikal Farming*
Rechts: Persönliches Wohlbefinden, *Lila Raum*

CHRISTINE GALLMETZER 33
EIN LEUCHTENDER FUTURE-PFAD

34 GALAXIE

WOHLSTAND I

Links: KI-Wesen, *Superintelligenz I*
Rechts: KI-Wesen, *Superintelligenz II*

CHRISTINE GALLMETZER 35
EIN LEUCHTENDER FUTURE-PFAD

36 GALAXIE

CHRISTINE GALLMETZER 37
EIN LEUCHTENDER FUTURE-PFAD

WOHLSTAND II

Links: Weltenstaat, *Utopia grün*
Rechts: Extraterrestrische Kolonien, *Utopia extraterrestrisch*

GALAXIE

ANDREAS BRANDHORST 39
SCIENCE-FICTION-AUTOR

EIN GALAKTISCHER AUSSICHTSTURM

GALAXIE

200 JAHRE?

Ein Blick über 200 Jahre in die Zukunft ist sehr gewagt – je weiter der Blick reicht, desto dichteren Nebel der Ungewissheit muss er durchdringen. Ich halte Prognosen über 40 oder 50 Jahre für einigermaßen machbar – zwei Jahrhunderte sind Spekulation. Man denke nur 200 Jahre zurück.

Die erste industrielle Revolution stand an ihrem Anfang. Wer hätte damals voraussagen können, dass 200 Jahre später die vierte industrielle Revolution in vollem Gang ist? Wer hätte sich damals Fernsehen vorstellen können? Von Computern, Handys, KI, Gentechnik und Nanotechnologie ganz zu schweigen. Das ist ein wichtiger Unterschied, der die Spekulation vielleicht etwas weniger spekulativ macht: Wir wissen heute, welche enorm große Wirkung technologischer Fortschritt auf Gesellschaft, Arbeit und das Leben der Menschen haben kann. Wir stehen mitten in der digitalen Revolution, die unser aller Leben verändern wird und bereits verändert. ==Nie zuvor in der Menschheitsgeschichte hat eine so rasante technologische Entwicklung stattgefunden wie hier und heute.== Wir beobachten den Anfang eines tiefgreifenden Wandels unserer Gesellschaft, und dieser Wandel vollzieht sich schneller als jemals zuvor.

Die von der bereits erwähnten ersten industriellen Revolution bewirkten Veränderungen reichten von der zweiten Hälfte des 18. Jahrhunderts bis weit ins 19. Jahrhundert – diese Revolution dauerte mehr als 100 Jahre. Die zweite industrielle Revolution, zum ersten Mal 1936 erwähnt vom französischen Soziologen George Friedman und datiert auf die Jahrzehnte um 1900, bezieht sich auf die umfassende Mechanisierung und die Verwendung von Elektrizität – sie betrifft einen Zeitraum von etwa 50 Jahren. Als dritte industrielle Revolution bezeichnet

Der Bennu genannte Asteroid wurde am 11. September 1999 entdeckt, hat einen Durchmesser von etwa 492 Metern und eine Masse von 60 Millionen Tonnen – damit könnte er bei einer Kollision mit der Erde eine globale Katastrophe auslösen.

Bennu wird im Jahr 2135 bei seinem Vorbeiflug der Erde näher kommen als der Mond.

Dadurch könnte sich seine Umlaufbahn so verändern, dass ein Einschlag auf der Erde im weiteren Verlauf des 22. Jahrhunderts nicht auszuschliessen ist.

man oft den Zeitraum ab den 1960er-Jahren – sie begann mit der Entwicklung der Mikroelektronik, und hier verkürzte sich der Zeitraum auf etwa 40 Jahre, was immerhin noch fast zwei menschlichen Generationen entspricht. Derzeit erleben wir die vierte industrielle Revolution, oft »zweite Phase der Digitalisierung« und auch »Industrie 4.0« genannt. Sie steht im Zeichen der Vernetzung und künstlicher Intelligenz und wird die Welt, wie wir sie kennen, völlig umkrempeln, nicht im Verlauf eines ganzen oder eines halben Jahrhunderts, sondern innerhalb weniger Jahre. Dem Menschen bleibt immer weniger Zeit, sich den dramatischen Veränderungen anzupassen.

WELCHE EXTERNEN FAKTOREN GILT ES ZU BERÜCKSICHTIGEN?

Wird es die Menschen – so wie wir sie heute kennen – in 200 Jahren überhaupt noch geben? Der Klimawandel, dessen Auswirkungen wir bereits zu spüren bekommen, könnte unserer Zivilisation großen Schaden zufügen. Ähnliches gilt für militärische Konflikte – käme es zu einem dritten Weltkrieg, müssten die Menschen in 200 Jahren in einer postnuklearen Steinzeit leben. Möglich wären auch Asteroideneinschläge, man denke nur an Apophis (2004 MN_4)[1] oder Bennu (1999 RQ_{36}).[2] Wäre der auf uns herabfallende Himmelskörper groß genug, könnte er unsere Spezies auslöschen, wie es vor 66 Millionen Jahren

---

[1] Apophis wurde am 19. Juni 2004 entdeckt und hat einen Durchmesser von etwa 300 Metern. Am 13. April 2029 wird er der Erde sehr nahe kommen und sie in einem Abstand von nur etwas mehr als 30 000 Kilometern passieren – das ist weniger als die Entfernung geostationärer Satelliten. Durch die dabei erfolgende Veränderung seiner Umlaufbahn wird ein Impaktereignis am 13. April 2036 möglich. Bei einem Einschlag würde Apophis die Energie von etwa 900 Megatonnen TNT-Äquivalent freisetzen, aber zu einer globalen Gefahr wird er damit nicht. Dafür müsste die Einschlagenergie hundertmal größer sein. Siehe auch: https://www.scinexx.de/dossier/apophis-asteroid-auf-erdkurs/

[2] Siehe S. 41: https://www.sternenforscher.de/asteroid-bennu/

mit den Dinosauriern geschah[3] (obwohl neueste Forschungen davon ausgehen, dass nicht allein jener Asteroideneinschlag die Ära der Dinosaurier beendete). Ähnlich verheerend würde sich der Ausbruch eines Supervulkans in der Art von Yellowstone oder, viel näher bei uns, der Phlegräischen Felder bei Neapel auswirken. Aber wenn wir von solchen Katastrophen verschont bleiben – wie könnte dann unser Leben in 200 Jahren aussehen?

WELCHE TECHNOLOGIEN WERDEN UNSER LEBEN IN ZUKUNFT MASSGEBLICH BESTIMMEN?

Uns erwartet eine Welt, die vollkommen von künstlicher Intelligenz durchdrungen sein wird. In allen Lebensbereichen – wohin wir auch gehen, was wir auch tun – werden wir auf KI in der einen oder anderen Form stoßen. Wir werden mit autonomen Fahrzeugen unterwegs sein beziehungsweise mit Transportmitteln, die von KI gesteuert werden – Hyperloops (ein superschnelles Verkehrssystem, bei dem Beförderungskapseln mit fast 1000 Kilometern pro Stunde durch Röhren mit einem Fastvakuum rasen und das den Flugverkehr in Zukunft erheblich entlasten könnte)[4] oder Orbitalflugzeuge mit Flugbahnen und Geschwindigkeiten wie Interkontinentalraketen bringen uns innerhalb kurzer Zeit an jeden beliebigen Ort der Erde.

Mithilfe von künstlicher Intelligenz werden wir Produktion und Verwaltung weitgehend automatisieren. Automatische Produktionsanlagen werden ohne den Einsatz von menschlicher Arbeit immer mehr Produkte immer schneller und billiger herstellen. Industrielle Produk-

---

3 Der betreffende Asteroid war etwa 10 Kilometer groß und verursachte den »Chicxulub-Einschlag« im Norden der Halbinsel Yucatán. Siehe auch: https://www.nationalgeographic.de/wissenschaft/2017/11/asteroid-schlug-genau-der-richtigen-stelle-ein-um-dinosauriersterben

4 Siehe auch: https://www.ingenieur.de/technik/fachbereiche/verkehr/europas-erster-hyperloop-ist-fertig/

tion wird immer mehr in den Hintergrund rücken, da automatisierte dezentrale 3-D-Drucker jederzeit jeden gewünschten Gegenstand herstellen. Solche Drucker könnten das Ende der industriellen Produktion in ihrer bisherigen Form bedeuten, weil es damit möglich wird, praktisch jedes Produkt innerhalb kurzer Zeit dort herzustellen, wo es gebraucht und gewünscht wird. Die Suche nach Ersatzteilen für alte Technik hätte ein Ende: Ein entsprechendes Programm würde genügen, um sie daheim per 3-D-Druck zu produzieren.

Wenn wir krank sind, wird KI die Diagnose erstellen, und von künstlicher Intelligenz gesteuerte Chirurgenroboter werden uns operieren, zuverlässiger als jeder Mensch. Mit KI könnten wir endlich den Krebs besiegen. Smarte Roboter werden sich mit hoher sozialer Kompetenz um alte, kranke und gebrechliche Menschen kümmern. In der überalterten Gesellschaft von Japan werden in dieser Hinsicht bereits erste Schritte unternommen. Vorstellbar wäre eine Welt, in der menschenähnliche Roboter zu persönlichen Assistenten, Freunden und Begleitern all jener Personen werden, die Hilfe brauchen, seien sie jung oder alt. Von spezieller KI gesteuerte Roboter-Assistenten wären (im Gegensatz zu Menschen) unendlich geduldig und immer hilfsbereit.[5]

Künstliche Intelligenz wird uns dabei helfen, andere wichtige Technologien weiterzuentwickeln, wie zum Beispiel Nanotechnik, Gentechnik, Material- und Werkstofftechnik, virtuelle Realität und nicht zuletzt saubere, sichere Fusionsreaktoren, mit denen wir das Energieproblem der Menschheit endgültig lösen können. Jede dieser genannten Techniken hat ein hohes disruptives Potenzial, insbesondere die neue Genschere CRISPR/Cas9, mit der sich gezielt DNA-Sequenzen austauschen lassen. Diese neue Methode hat bereits eine Revolution

---

[5] Siehe auch: https://www.faz.net/aktuell/feuilleton/debatten/was-roboter-in-medizin-und-pflege-leisten-koennen-15459341.html – und hier: https://www.aerzteblatt.de/archiv/186569/Kuenstliche-Intelligenz-Die-neuen-Partner-kommen

im Bereich der Biotechnologien ausgelöst, denn sie ist nicht nur billig, sondern auch sehr präzise – das perfekte Werkzeug, mit dem wir unsere Evolution selbst in die Hand nehmen können.

Und nicht nur das. In naher Zukunft werden Mischwesen möglich, Mensch-Tier-Hybride, oder ganz neue Spezies bei Flora und Fauna. Die ersten Schritte werden bereits getan. So hat die japanische Regierung der Forschergruppe um Hiromitsu Nakauchi von der University of Tokyo und der Stanford University in Kalifornien die Entwicklung von Mensch-Tier-Chimären bis zur Geburt kürzlich ausdrücklich gestattet.[6] Der Mensch könnte selbst zum Schöpfer werden, mit unabsehbaren sozialen und biologischen Folgen, und allein das wird unsere Welt nachhaltig verändern. Das ganze Paket der neuen Technologien bedeutet: Die Welt in 200 Jahren wird uns »magisch« erscheinen. Der Schriftsteller Arthur C. Clarke (16.12.1917–19.03.2008) drückte es folgendermaßen aus: »Jede hinreichend fortschrittliche Technologie ist von Magie nicht zu unterscheiden.« Wir werden die Mittel haben, unsere Welt in ein Paradies zu verwandeln – aber die Hölle (durch Missbrauch der »Magie«, oder wenn sie außer Kontrolle gerät wie bei Goethes Zauberlehrling) ist nur einen Fingerbreit entfernt.

WIE WIRD UNSERE GESELLSCHAFT AUSSEHEN?

Schon in naher Zukunft werden durch die allgemeine Digitalisierung viele Arbeitsplätze verloren gehen, nach einer Schätzung bis zu 18 Millionen allein in Deutschland. Bisher ging man davon aus, dass durch die allgemeine Digitalisierung auch viele neue Arbeitsplätze entstehen und der Verlust somit weitgehend ausgeglichen wird, aber neuere Stu-

---

[6] Damit ist eine weitere ethische Grenze eingerissen, und bestimmt wird es nicht die letzte sein. Siehe in diesem Zusammenhang: https://www.spiegel.de/wissenschaft/medizin/japan-erlaubt-geburt-von-mischwesen-aus-mensch-und-tier-a-1279687.html

dien zeichnen ein anderes Bild. So geht zum Beispiel das McKinsey Global Institute davon aus, das bis zum Jahr 2030 (in nur einem Jahrzehnt!) 30 Prozent der menschlichen Arbeit automatisiert werden können, was bedeutet: Weltweit werden 800 Millionen Menschen ihren Arbeitsplatz verlieren![7]

Der globale Trend ist eindeutig: In Verwaltung und Produktion können Computer, künstliche Intelligenz und smarte Roboter die Arbeit schneller und besser erledigen als Menschen. Betroffen sind übrigens auch kreative Berufe. Bis vor wenigen Jahren haben sich Schriftsteller wie ich auf der sicheren Seite gefühlt, weil es hieß, Computer könnten nicht kreativ sein. Weit gefehlt! Es gibt bereits von künstlicher Intelligenz verfasste Romane, und vom ersten von einer KI geschriebenen Bestseller trennen uns vielleicht nur noch wenige Jahre. Deep Learning macht es möglich, die genaue Analyse von Millionen Romanen. **Schon heute kennt KI das Geheimnis von Bestsellern:** Das Hamburger Start-up »Qualification« hat einen Algorithmus namens Lisa entwickelt, der die Verkaufschancen von Romanen beurteilt und bei der Sichtung von Manuskripten hilft.[8]

Und auch Programmierer und IT-Fachleute könnten nach und nach durch KI ersetzt werden. So hält es Otkrist Gupta, KI-Forscher am MIT Media Lab, für möglich, dass automatisierte, selbstlernende Software in Zukunft viele Programmierer ersetzt. Forscher der Google-Brain-Abteilung für künstliche Intelligenz sind dabei, diese Vision Wirklichkeit werden zu lassen. In einem Experiment entwickelte ein KI-Programm mit maschinellem Lernen eine Software, die bessere Ergebnisse erzielte als vergleichbare Arbeit von menschlichen Programmierern. Es ging dabei nicht um eine einfache Software, sondern um ein System, das ma-

---

[7] Siehe hierzu: https://www.iotforall.com/impact-of-artificial-intelligence-job-losses/

[8] Siehe hierzu: https://www.sueddeutsche.de/wirtschaft/kuenstliche-intelligenz-das-geheimnis-des-bestsellers-1.4269819

schinelles Lernen (machine learning) für die Erkennung menschlicher Sprache verwendete.⁹ In ein oder zwei Jahrzehnten werden KI-Systeme neue, noch leistungsfähigere KI-Systeme entwickeln, deren Algorithmen nicht mehr von Menschen verstanden werden. Das könnte der Punkt sein, wo der qualitative Sprung von künstlicher Intelligenz zu echter Maschinenintelligenz erfolgt.

Eine unmittelbare Folge der zunehmenden Automation in Verwaltung und Produktion wird die Einführung eines bedingungslosen Grundeinkommens (BGE) sein, denn was zwar ohne Menschen produziert wird, soll doch von Menschen gekauft werden. Daraus erwächst vielen Menschen eine ganze neue Freiheit: Sie bekommen Gelegenheit, über ihr Leben selbst zu bestimmen, ohne die *Notwendigkeit* von Arbeit, die von smarten Maschinen erledigt wird. Vorteile eines solchen garantierten, nicht an Bedingungen geknüpften Grundeinkommens wären unter anderem die Verschlankung des Staates durch eine wesentliche Vereinfachung des Steuersystems und damit einhergehende Einsparungen durch den Abbau der Bürokratie. Zur Finanzierung eines BGE könnten die bisherigen Sozialausgaben (965,5 Milliarden Euro im Jahr 2017) und ein Wirtschaftsfonds genutzt werden. Neben anderen theoretischen Modellen wäre es auch denkbar, ein solches Grundeinkommen über die Besteuerung des Konsums zu finanzieren, wie von Götz Werner[10] vorgeschlagen.

---

9 Siehe hierzu: https://t3n.de/news/ki-ai-software-787665/

10 Götz Werner ist Gründer der Initiative »Unternimm die Zukunft« für ein bedingungsloses Grundeinkommen und Präsident des 1989 in Köln gegründeten EHI Retail Instituts. Hier geht es zu einem Interview mit ihm: https://utopia.de/dm-gruender-goetz-werner-interview-bedingungsloses-grundeinkommen-77887/

Es wird weniger Kriminalität geben, durch den Einsatz KI-unterstützter Ermittlungsmethoden wie zum Beispiel »Predictive Policing«, das ein wenig an den Film *Minority Report* mit Tom Cruise erinnert: Falldaten werden durch die Algorithmen spezialisierter KI-Systeme analysiert, und die Ergebnisse dienen der Wahrscheinlichkeitsberechnung zukünftiger Verbrechen. In Deutschland wird Predictive Policing in Hamburg erforscht, das dortige LKA erwägt die Einführung entsprechender Systeme.[11] In den USA sind damit bereits erstaunliche Erfolge erzielt worden. Aber: Es besteht auch die Gefahr, dass bei der Programmierung betreffender Algorithmen Vorurteile in die Auswertungsprogramme übernommen werden, zum Beispiel gegen Afro- und Hispanoamerikaner in den USA, in Deutschland gegen Migranten und »osteuropäische Banden«.

Die digitalisierte Überwachung durch Kameras, Gesichtserkennungssoftware, Aktivitätenverfolgung in sozialen Medien usw. wird weiter zunehmen. Für jeden Menschen wird es detaillierte Persönlichkeitsprofile geben, schon allein aufgrund der Spuren, die er im »digitalen Raum« zurücklässt. Solche Entwicklungen zeichnen sich heute bereits ab. Man denke nur an Facebook, Google usw. oder an das Social Ranking in China, ein Punktesystem, das Bürger für Wohlverhalten belohnt und Verstöße gegen die Regeln mit Einschränkungen bei Konsum und Freiheit bestraft.

Virtuelle Realität wird Grundlage für einen neuen Eskapismus. Die simulierten Welten werden so echt sein, dass sie für menschliche Sinne nicht mehr von der Realität zu unterscheiden sind – ein perfektes Instrument für die Unterhaltungsindustrie. Die Menschen, die solche VR-Welten besuchen, können in beliebige Rollen schlüpfen: König oder Kaiser, Westernheld oder Ritter, Astronaut oder Alien. Jeder kann seine

---

11 In Baden-Württemberg gab es ein »Pilotprojekt P4« zum Predictive Policing. Hier wird darüber berichtet: https://www.mpicc.de/de/forschung/projekte/predictive-policing/

Fantasien ausleben, was verlockend sein mag, aber auch gefährlich ist, denn virtuelle Realität kann und wird süchtig machen. Es wird eine die Persönlichkeit verändernde psychologische Abhängigkeit sein, die viel größer ist als die spätestens seit *Warcraft* bekannte Computerspielsucht.[12] Die Realität wird langweilig und farblos erscheinen im Vergleich mit den bunten Virtualitäten, in denen man ein strahlender, bejubelter Held sein kann.

WIE WERDEN WIR IN ZUKUNFT ARBEITEN?

Die allgemeine Deindustrialisierung, die wir heute beobachten, wird sich verstärkt fortsetzen und zu einer Dienstleistungsgesellschaft mit weitgehend dezentraler Produktion (3-D-Drucker produzieren alles Notwendige) führen. Die Arbeit in 200 Jahren wird dank eines bedingungslosen Grundeinkommens (oder wie auch immer man es nennen will) keine Notwendigkeit mehr sein, sondern ein Bedürfnis. Arbeit wird zu etwas Erstrebenswertem. Allerdings: Die meisten der heutigen Berufe gibt es in 200 Jahren nicht mehr. Von KI kontrollierte Systeme kümmern sich um alles, um Produktion, Verwaltung, Transport, Medizin usw. Menschen, die arbeiten möchten, wählen vor allem kreative Berufe, die mit sozialen Diensten und kreativen Produkten zu tun haben: Kunst, Mode, Architektur, individualisierte Programme für 3-D-Drucker. Denkbar wären Selbstständigkeit und Karriere in einer Manufaktur, in der Produkte größtenteils per Hand gefertigt werden: Das neue Label MbM, »Made by Men« – von Menschen gemacht – wird großen Erfolg haben. Vielleicht sollte man bereits über die Eintragung einer entsprechenden Marke nachdenken.

---

12 Spielsucht gab es schon vor dem digitalen Zeitalter, zum Beispiel in Bezug auf Spielautomaten und dergleichen. Aber in der Ära computergestützter Rollenspiele wie *Warcraft* breitete sie sich rasant aus. Hier gibt es einen Artikel dazu: https://www.wp.de/region/sauer-und-siegerland/wenn-die-wahre-welt-draussen-bleibt-id213233323.html

GEFAHREN

Einige Gefahren habe ich schon genannt. Hier möchte ich vor allem auf die Risiken von künstlicher Intelligenz und Gentechnik hinweisen – beides zusammen ergibt eine sehr explosive Mischung. KI könnte irgendwann in nicht allzu ferner Zukunft zu echter Maschinenintelligenz werden, der unsrigen weit überlegen. In meinem Roman *Das Erwachen* habe ich beschrieben, wie das geschehen könnte und was die Folgen wären. Wir würden die Kontrolle über unsere Zivilisation verlieren. Das zweite Risiko geht von der sich ebenfalls rasend schnell entwickelnden Gentechnik aus. Die neuen Methoden in der Art von CRISPR/Cas9 (siehe oben) versetzen uns in die Lage, unser Genom gezielt zu verändern. Man braucht nicht viel Fantasie, um sich vorzustellen, dass wir es schon bald mit »maßgeschneidertem Leben« zu tun bekommen könnten. Auch hier liegen Vor- und Nachteile dicht beieinander. Denkbar wären veränderte oder ganz neue Mikroorganismen, die uns helfen, gegen die Umweltverschmutzung vorzugehen. Oder die Kohlendioxid beziehungsweise Methan aufnehmen und speichern, was den Treibhauseffekt vermindern würde. Aber wenn dieses manipulierte oder neu geschaffene »Designer-Leben« außer Kontrolle gerät, könnte eine globale biologische Katastrophe die Folge sein.

UND DER WELTRAUM?

In 200 Jahren haben wir autarke Kolonien auf Mond und Mars. Wir haben Jupiter und Saturn besucht und in den Ozeanen unter den Eiskrusten ferner Monde Leben gefunden. Derartige subglaziale Ozeane scheinen recht häufig zu sein.[13] In unserem Sonnensystem gibt es min-

---

13 Siehe hierzu: https://www.scinexx.de/news/kosmos/saturnmond-dione-hat-einen-fluessigen-ozean/

destens sieben: Auf den Jupitermonden Europa, Ganymed und Kallisto, auf den Saturnmonden Enceladus, Titan und Dione und wahrscheinlich auch auf Pluto. Nach allem, was wir wissen, könnten solche Ozeane aus flüssigem Wasser, Dutzende oder Hunderte Kilometer tief unter einer dicken Kruste aus Eis, auch in anderen Sternsystemen sehr häufig sein. Damit vervielfachen sich die Möglichkeiten von extraterrestrischem Leben, denn es ist nicht mehr nur auf erdähnliche Planeten in den habitablen Zonen beschränkt, auf die »richtige« Entfernung zur Sonne, damit es weder zu heiß noch zu kalt ist und Wasser in flüssiger Form existieren kann.

Wir nutzen Asteroiden als Rohstoffquellen. KI-gesteuerte Sammelroboter haben die Umlaufbahnen der Erde vom Weltraumschrott[14] der beiden vergangenen Jahrhunderte befreit. Wir kennen zahlreiche erdähnliche Exoplaneten (viel mehr als die circa 5000, die uns schon jetzt bekannt sind), und erste interstellare Expeditionen werden vorbereitet. **Die menschliche Besatzung wird den überwiegend größten Teil der viele Jahre dauernden Reise in der Hibernation verbringen, in einem Kälteschlaf, der die Uhr der Alterung für Körper und Geist anhält.**

Das sind wahrhaft galaktische Aussichten. Ich würde gerne mitfliegen, um die anderen Welten dort draußen im All mit eigenen Augen zu sehen. ●

---

14 Gemeint sind Reste von Raketen und Satelliten. Man schätzt, dass die Erde von etwa 600 000 Objekten mit einer Mindestgröße von einem Zentimeter umgeben ist, was einer Gesamtmasse von 6300 Tonnen entspricht. Hinzu kommen noch einmal eine Million Teilchen kleiner als ein Zentimeter. Selbst die kleinsten Objekte können für zukünftige Weltraummissionen sehr gefährlich werden, denn immerhin bewegen sie sich mit einer Geschwindigkeit von circa 7,8 km/s und verfügen über entsprechend hohe kinetische Energie.

ERDE. KONKRETE HERAUS-
FORDERUNGEN RÜCKEN IN
DEN FOKUS: **DIGITALISIERUNG,
GLOBALISIERUNG, ZUKUNFT
DER ARBEIT, KÜNSTLICHE IN-
TELLIGENZ.** FÜNF VORDENKER
SETZEN SICH AUSEINANDER.

PLANET 53

REINHARD MARX
54 SOZIALSTAAT WIE?

CHRISTOPH M. SCHMIDT
68 STRUKTURWANDEL WIE?

GERHARD ROTH
94 STARK WIE?

MARTINA HESSLER
114 ARBEITEN WIE?

DAMIAN BORTH
130 KONTROLLE WIE?

54 **PLANET**

SOZIAL STAAT WIE

REINHARD MARX 55
ERZBISCHOF, MÜNCHEN UND FREISING

oder **ZUR NOTWENDIGKEIT
EINER NEUEN FORTSCHRITTSIDEE**

Klimadebatte, soziale Ungerechtigkeit, Ungleichheit und Armut. Diese Fragen beschäftigen viele Menschen und prägen die Debatten unserer Tage. Vereinzelt hört man sogar die Frage: Gibt es und brauchen wir angesichts unbestrittener Probleme eine neue Systemdebatte? Diese Grundfrage schwang auch im Jahr 2018 in diversen Veranstaltungen mit, die sich Karl Marx gewidmet haben. Dem anderen Marx also. Auch ich wurde gelegentlich zu Diskussionsrunden eingeladen nach dem Motto: »Marx spricht über Marx«. Jedenfalls war 2018 diesbezüglich eine Diskussion im Gange: Wie geht es weiter mit dem Kapitalismus? Hatte Karl Marx nicht doch recht in seiner Analyse? Über seine Therapievorschläge ist man sich einig, sie sind relativ nutzlos, und wenn sie angewandt wurden, haben sie eher Schreckliches ausgelöst. Aber bezüglich seiner Analysen stimmt diese Bewertung vielleicht doch nicht ganz. Auch in dieser Festveranstaltung[1] wird es uns nicht gelingen können, das Thema erschöpfend zu behandeln. Aber ich stelle doch fest, diese Debatte ist nicht zu Ende. Und sie lässt sich nicht einfach zur Seite legen, indem wir sagen: »Wir haben doch die soziale Marktwirtschaft«.

Denn: Die soziale Marktwirtschaft ist ein offenes System, eine permanente Interaktion. Niemand hat ein Copyright darauf. Sie ist auch nicht einfach gleichzusetzen mit dem Ordoliberalismus. Vielmehr zeigt die Geschichte der Bundesrepublik Deutschland etwas anderes. Es ist eine Beziehung zwischen dem Ordoliberalismus, der viele Dinge über den Kapitalismus in Gang gebracht und grundlegend neu gedacht hat, und dem, was dann – ich möchte fast provokativ sagen – zu einem politischen Zauberwort geworden ist, der »sozialen Marktwirtschaft«. Wie eine Prozessionsfahne, hinter der sich jeder gerne einreiht – von Sahra Wagenknecht bis Angela Merkel. Und deswegen ist es notwen-

---

[1] Der Beitrag basiert auf einer Festrede zur Verleihung des RHI-Forschungspreises 2019.

dig und ich freue mich sehr, dass das Roman Herzog Institut intensiv daran arbeitet und immer wieder von Neuem darüber diskutiert, wie die soziale Marktwirtschaft zu verstehen, weiterzuentwickeln und zu gestalten ist.

Wir wollen eine soziale Marktwirtschaft, obwohl sie doch nur ein Instrument ist. Was ist die Idee, die wir für unsere Gesellschaft und unseren Fortschritt haben, wo soll es hingehen? Und welche Mittel sind dafür geeignet, ausgehend von den Erfahrungen? Keiner von uns – ich glaube, selbst die progressivsten Linken nicht – würde heute sagen »Wir sind gegen Märkte«, das ist eine banale Erkenntnis, und der Streit darüber ist hoffentlich ausgefochten. Doch ich glaube, wir müssten noch einen Schritt weiter gehen und zur Erkenntnis kommen, dass beide Begriffe – Kapitalismus und Sozialismus – vielleicht ausgedient haben. Müssen wir nicht über beide Begriffe hinausdenken? Der Begriff »soziale Marktwirtschaft« war bereits ein solcher Versuch, über beides hinauszudenken. Das bedeutet nicht, diese Begriffe einfach zur Seite zu legen – im Kapitalismus ist Wichtiges erkannt und im Sozialismus vielleicht auch. Aber genügen diese Begriffe wirklich für das, was wir in der Zukunft wollen? Der Begriff »soziale Marktwirtschaft« war ein Anstoß – der nur in Deutschland wirklich rezipiert wurde, auch das müssen wir bedenken –, darüber hinaus, nach vorne zu denken sowie ein positives Zukunftsbild zu entwickeln.

1989 UND DIE FOLGEN DER ENTWICKLUNGEN

Die Wende 1989 ist jetzt 30 Jahre her, und die darauf folgenden Entwicklungen haben nicht nur eine kontinuierliche positive Entwicklung gebracht. Jedenfalls können wir nicht übersehen, dass auch das, was wir Kapitalismus nennen, in Störungen geraten ist, aus welchen Gründen auch immer; auch in globale Störungen, die bis heute weitreichende Folgen haben. Das berühmte Buch von Francis Fukuyama von 1991 mit dem Titel *Das Ende der Geschichte. Wo stehen wir?* hat mit der Vorstellung, dass liberale Demokratie und Kapitalismus sozusagen die letzte Evolutionsstufe seien, die Debatte sehr angeregt. Damit wollte Fukuyama nicht sagen, das Ende der Geschichte sei erreicht. Aber er hat zur Debatte gestellt, was nach den Entwicklungen hin zu Demokratie und Kapitalismus noch an gesellschaftlichen Formen möglich sein könne, ohne diese Entwicklungspunkte zu unterschreiten. An dieser Fragestellung findet man durchaus etwas Wahres. Nun stellen wir nach 30 Jahren auch in Deutschland und Europa fest, dass die Unruhe zunimmt. Es gibt eine Unzufriedenheit in linken und rechten Bewegungen, bei Gelbwesten und Populisten. Wir spüren unter der Decke dessen, was eigentlich rein statistisch gesehen Wohlstand anzeigt – bei uns sowieso, aber auch in anderen Ländern im Vergleich zu dem, was im gesamten globalen Maßstab vorliegt –, eine Unzufriedenheit.

Ich meine doch sagen und zur Diskussion stellen zu können, dass die politischen, sozialen und ökologischen Kosten und Folgen einer bestimmten Form des Kapitalismus jetzt auf die Rechnung gesetzt werden. Politische Folgen wie der Populismus, der wirklich bedrohlich ist für die Demokratie. Soziale Folgen: Auch die Weltbank arbeitet im Rahmen der Social Development Goals (SDG) am Thema Ungleichheit als einem ökonomischen Problem. Dabei geht es nicht darum, ob wir ärmer geworden sind, sondern ob sich die Abstände und die Verteilung von Vermögen wirklich in angemessener Weise entwickeln, sodass Ungleichheiten reduziert werden können. Die Ökonomen sind sich relativ einig, dass das nicht der Fall ist. Diese sozialen Folgen führen auch zu Unruhen. Mit Blick auf die ganze Welt und auch auf Europa kann ich das nur so feststellen. Und schließlich die ökologischen Folgen: Bezüglich der Klimaentwicklung spürt man vielerorts mehr Sensibilität, wie man sie vielleicht vor 20 oder 30 Jahren nicht erwartet hat.

Es geht nicht nur um die Klimaproblematik als Einzelproblem, sondern insgesamt um die Frage der ökologischen Folgen, wer Verantwortung trägt und wie wir diese Entwicklung wenden können. Kann diese Veränderung ein einzelnes Land erreichen, kann das die Wirtschaft oder gar ein ordnungspolitischer Rahmen bewirken? Vielleicht alles zusammen? Aber dann muss es auch geschehen. Und das kann nicht durch die Wirtschaft alleine verantwortet werden.

In meinem Buch *Das Kapital*[2] habe ich ein Plädoyer für die soziale Marktwirtschaft gehalten und mich für eine »Globale Soziale Marktwirtschaft« ausgesprochen. Aber schon indem ich es geschrieben habe, wusste ich, wie schwierig es ist. Angefangen beim Begriff, über die Inhalte bis hin zur globalen Verfassung und der Suche nach einer globalen Übereinkunft. Viele haben wie ich den Eindruck, dass es einen solchen Versuch braucht, zu Übereinkünften zu kommen, auch für globale Märkte, in einem Rahmen, der die Versöhnung von Ökologie und Wirtschaft im Blick hat, der das Soziale und die Reduzierung von Ungleichheiten und die Effizienz und Innovation ausbalanciert und der eine Kombination von Märkten, Rahmenordnungen und Incentives schafft sowie moralische und kulturelle Impulse setzt. Das sind nicht nur ökonomische Fragen, sondern es geht um kulturelle Fragen, darum, was uns wichtig ist, was Priorität hat, was Zustimmung findet.

Wir leben in einer Demokratie. Und deswegen, glaube ich, ist es eine entscheidende Frage für die Zukunft, all das, was wir in der sozialen Marktwirtschaft an Elementen haben – starke Gewerkschaften und Arbeitgeberverbände, sozialstaatliche Rahmenordnungen, funktionierende Märkte, Preisbildung über Märkte und so weiter –, auf einer globalen Ebene weiterzuentwickeln. Ob das gelingt, davon wird sehr viel abhängen.

---

2 Reinhard Marx: *Das Kapital: Ein Plädoyer für den Menschen*. München 2008.

DAS NEUZEITLICHE, WESTLICHE PARADIGMA DES FORTSCHRITTS

Wir sind an einem wichtigen Punkt, und es ist an der Zeit, die Debatten weiterzuführen, durchaus auch mit strittigen Beiträgen. Aber es wird kaum schnelle Lösungswege geben. Trotzdem möchte ich in einem zweiten Zugang einen kurzen Rückblick wagen, der geschichtlich weiter zurückgeht. Denn mir geht es im Grunde darum, dass wir gemeinsam, in gewisser Weise sogar im Blick auf die eine Menschheitsfamilie – jeder Mensch ist Bild Gottes und die eine Menschheitsfamilie gehört zusammen –, noch einmal prüfen, ob sich eine neue Fortschrittsidee anstoßen lässt. Auch Papst Franziskus hat diesen Gedanken sehr deutlich in seiner Enzyklika *Laudato si'*[3] unterstrichen, die außerhalb der Kirche mehr als innerhalb der Kirche gelesen wird, was ich bedauere, und die gerade von vielen Wissenschaftlern sehr ernst genommen wird. Diese Enzyklika handelt genau davon: Was ist unsere gemeinsame Fortschrittsidee, und können wir von dieser Idee aus auch die Mittel überprüfen, um dies zu erreichen?

Grob zusammengefasst: Der Gedanke einer Fortschrittsidee kommt aus der abendländischen Geschichte, es ist eine westliche Idee und eine Idee unserer Kultur. Sie nimmt ihren Ausgang in der Vorstellung, dass die Geschichte und auch jedes Leben nach vorne hin offen ist, also besonders von der Konzeption der Freiheit. Wir könnten in der Rückschau in der Renaissance anfangen, aber das geht natürlich noch viel weiter zurück bis in die Anfänge des Christentums und selbstverständlich in die antike Philosophie. Doch das will ich jetzt hier nicht alles ausfalten. Die Überlegung, dass der Mensch frei ist, führt in der Entwicklung zu einer Individualisierung des Konzeptes vom guten

---

3 Papst Franziskus: *Laudatio si': Die Umwelt-Enzyklika des Papstes*. Freiburg 2015.

Leben. Im Mittelpunkt steht nicht mehr ein gemeinsames, gemeinschaftliches gutes Leben, sondern dass für jeden Einzelnen in freier Entscheidung der Raum gestaltbar sein muss, sein Leben zu leben, sein eigenes Leben. Sein gutes Leben definiert jeder selbst und lässt es sich nicht von anderen definieren.

Ein zweiter Punkt ist die industrielle Revolution. Sie ist mit einer unglaublichen Beschleunigung vonstattengegangen, vom Westen ausgehend, von der Idee der Freiheit, und hat zu einer Materialisierung der Vorstellung vom guten Leben geführt. Das gute Leben wird als Wohlstand definiert. Aber ist es wirklich das gute Leben? Ausreichend ist diese Konzeption sicher nicht. Die Materialisierung der Konzeption vom guten Leben ist auch eine Verführung. Fortschritt bedeutet auch, mehr zu haben, mehr zu besitzen sowie Reichtum für alle. Aber ist das alles?

Wir kennen die ganze Bandbreite der kritischen Diskussion dieser Entwicklungen hin zur Individualisierung und Materialisierung des guten Lebens. Sicherlich gibt es Wachstum in der Wirtschaftsgeschichte unserer Zeit, aber reicht es aus, um die Geschichte in den letzten 150 Jahren angemessen zu verstehen, einschließlich zweier großer Weltkriege und angesichts vieler Turbulenzen und Spannungen? Wie wird es weitergehen? Ausgehend von den Daten können wir sagen, Wachstum ist wichtig. Doch was ist mit anderen Faktoren, wie Identität, Zugehörigkeit, Gleichheit und Ungleichheit, Sinn und Glück? Lassen wir diese beiseite, wenn am Ende die Zahl stimmt? Wer gibt uns das Recht, zu ahnen, dass es am Ende doch schon gut gehen wird? Niemand.

DIE DIALEKTIK VON AUFKLÄRUNG, VERNUNFT UND FORTSCHRITT

Auch die großen Denker, nicht nur Karl Marx, auch Hegel und Kant und andere, haben gemerkt, dass dieser moderne Freiheitsbegriff Risiken birgt. Adam Smith hat versucht, mit der »List des Marktes« dieses Risiko zu umgehen. Wenn alle an sich denken, ist das mit dem Eigeninteresse wohl in Ordnung, aber irgendetwas könnte auch schieflaufen. Deswegen hat Smith in der Konzeption des Marktes auch gesehen, dass durch diese List das Eigeninteresse zu einem allgemeinen Interesse umgewandelt werden kann. Hinzu kommt seine *Theory of moral sentiments*, also die Theorie der notwendigen moralischen Gefühle. Smith war dieses Buch sogar am wichtigsten. Aber wo kommen diese moralischen Gefühle her?

Kant hat ähnlich gedacht. In seinem Buch *Zum ewigen Frieden* beschäftigt er sich mit der Frage, wie Institutionen zustande kommen und wie eine freie Gesellschaft möglich ist, in der jeder seine Interessen im Blick behalten muss. Doch wie kommen wir dahin, dass, obwohl jeder seinen Interessen folgt, trotzdem etwas Gutes für alle herauskommt? Das ist der Sinn von Institutionen. Kant sagt, es müsse doch möglich sein, Institutionen zu schaffen, die bei der Berücksichtigung des Eigeninteresses jedes Einzelnen so funktionieren, dass diese Eigeninteressen zum allgemeinen Gut ausschlagen können. Bei diesen Überlegungen behilft Kant sich natürlich mit moralischen Vorstellungen, mit dem kategorischen Imperativ, also mit ethischen Voraussetzungen. Auch Hegel hat es ähnlich gesehen. Der Fortschritt im Bewusstsein der Freiheit, Institutionen als Orte der konkreten Freiheit und die List der Vernunft, die langfristig dafür sorgt, dass das, was sich entwickelt, was vorangeht, zum Guten ausschlägt, zum umfassenden Fortschritt wird – all das gehört zur Dialektik von Aufklärung, Vernunft und Fortschritt.

DIE WENDE ZU EINER NEUEN FORTSCHRITTSIDEE IM GLOBALEN HORIZONT

Wo stehen wir heute? Das Problem bleibt: Wie können wir eine Gesellschaft gestalten, in der jeder in seiner Freiheit seinen Interessen folgen kann und soll und trotzdem das Gesamte im Blick bleibt, einschließlich der ökologischen, sozialen und politischen Stabilitäten, die wir uns erwünschen? Genau hier sind wir an einem Wendepunkt. Vielleicht übertreibe ich, aber ich spüre eine Unruhe, dass wir uns auf eine neue Fortschrittsidee neu ausrichten. Eine Fortschrittsidee, die natürlich über funktionierende Märkte spricht – niemand kann etwas dagegen haben –, aber auch über Ziele, die uns gemeinsam gesteckt sind, die wir gemeinsam erreichen wollen, einen globalen Horizont, in dem wir gemeinsam leben. Dieser eine Planet ist uns einmalig geschenkt, und wenn wir an die kommenden Generationen denken, wird das eine Aufgabe sein, ihn zu bewahren. Als Kirche, als katholischer Bischof sage ich, dass hier eine besondere Aufgabe vor uns liegt. Die Enzyklika *Laudato si'* ist ein Beitrag, global zu denken. Sie ist nicht gegen Märkte, nicht gegen das Vernünftige gerichtet, aber in einer neuen Weise gedacht und durchdacht.

Deswegen wiederhole ich die etwas provokative Formulierung: Lasst uns die Begriffe Kapitalismus und Sozialismus ins Archivbuch der Geschichte schreiben. Ich habe immer behauptet, dass die soziale Marktwirtschaft nicht dasselbe ist wie der Kapitalismus. Es ist der Versuch weiterzudenken. Außerhalb Deutschlands ist dieser Begriff nicht verbreitet oder gar eingeführt. Können wir wirklich glauben, wir gehen hier einen ganz eigenen Weg? Wir sind doch alle global verflochten und mit anderen Ländern wirtschaftlich verflochten. Und deswegen ist es so wichtig, dass wir diese Grundideen auch auf eine andere Ebene heben und darüber diskutieren. Wenn wir jenseits von Kapitalismus und Sozialismus argumentieren wollen, was brauchen wir dann, was sind unsere Ziele?

Demokratie würde ich an die erste Stelle setzen. Darum wird es im 21. Jahrhundert gehen, um die Freiheit, die das höchste Gut ist. Es geht überdies um Demokratie, Märkte und eine menschendienliche Ordnung, eine Ordnung, die immer wieder darüber diskutiert, was den Menschen langfristig dient. Ich war zunächst erstaunt, als Francis Fukuyama ein Buch über Identität veröffentlicht hat.[4] Darin kritisiert er unter anderem den markanten Wahlkampfslogan von Bill Clinton (1992), also dessen Antwort auf die Frage, wie man Wahlen gewinnen könne: »It's the economy, stupid.« Entgegen dieser These sagt Fukuyama, dass nicht die Wirtschaft das Entscheidende ist, sondern kulturelle Fragen, Identitätsfragen, Zugehörigkeitsfragen, Ungleichheitsfragen. Über diese Fragen müssen wir nachdenken. Ein weiterer wichtiger Beitrag zu dieser Debatte kommt von Paul Collier mit seinem aktuellen Buch *Sozialer Kapitalismus!*.[5] Ich kann nur empfehlen, sich mit diesen Thesen und Fragestellungen intensiver zu beschäftigen.

BRUCHSTELLEN UND HERAUSFORDERUNGEN

Zusammengefasst: Eine generelle Systemdebatte halte ich für müßig und die Unterscheidung in Kapitalisten und Sozialisten für überholt. Die Frage ist doch, wie wir Probleme lösen können? Welche Probleme stehen vor uns, und wie lösen wir sie am besten, sodass Wirtschaft und Gesellschaft gut zusammenspielen? Doch was sind die entscheidenden Bruchstellen in diesem Projekt?

---

[4] Francis Fukuyama: *Identität: Wie der Verlust der Würde unsere Demokratie gefährdet*. Hamburg 2019.

[5] Paul Collier: *Sozialer Kapitalismus*. Berlin 2019.

Zuerst die ökologische Frage: Wenn wir nicht wirklich überzeugende Lösungen finden und miteinander diskutieren, wird die Zustimmung in der Gesellschaft für das gesamte System wanken, die allerdings notwendig ist. Dann die Frage nach Ungleichheit und Vermögen. Ich will gar nicht auf das Buch von Thomas Piketty[6] im Einzelnen eingehen, aber er hat klug darauf aufmerksam gemacht, dass das Thema Arbeit und Kapital noch nicht erledigt ist. Wie und von wem kann in Deutschland derzeit ein Vermögensaufbau stattfinden? Vom durchschnittlichen Arbeitnehmer wohl kaum. Das war jedoch eine der großen Versprechungen der sozialen Marktwirtschaft: Vermögensbildung in Arbeitnehmerhand, weil Vermögen Freiheit bedeutet. Einbeziehung aller in den Vermögensaufbau. Das ist in Deutschland so nicht erfolgt, und weltweit bestimmt auch nicht. Arbeit und Kapital bleiben weiter ein Spannungsfeld, erst recht, wenn durch die Digitalisierung weitere Verschiebungen stattfinden.

Denn das ist der dritte Punkt, den ich erwähnen will: die Digitalisierung. Wie steht es um die Zukunft der Arbeit? Das normale Arbeitsverhältnis ist für mich eine Grundlage der Freiheit, dass also jemand, der es vermag (also nicht versorgt werden muss, alt, krank oder in Ausbildung ist), von seiner Arbeit leben kann. Das ist eine entscheidende Grundlage der Freiheit. Und noch ist die Frage an die Wissenschaftler offen, ob die Digitalisierung dazu führen wird, dass Arbeitsplätze verloren gehen oder dass sich Arbeitsplätze verschieben. Bei meinen Gesprächen in den USA, besonders in Detroit, ging es kürzlich stark um die Frage, welche Arbeitsplätze entstehen werden. Viele Menschen haben Sorge, dass zwar neue Arbeit kommt, diese aber geringer bezahlt wird und geringer qualifiziert ist. Ein konkretes Beispiel in den USA ist die Arbeit der Trucker, die in einigen Jahren durch Automatisie-

---

6 Thomas Piketty: *Das Kapital im 21. Jahrhundert*. München 2018.

rung und selbstfahrende Trucks abgelöst werden könnte. Doch auch dann wird es Menschen brauchen, die prüfen, ob die Lieferwege funktionieren etc., aber diese Mitarbeiter werden eher geringer bezahlt und geringer qualifiziert werden. ==Als Bischof frage ich dann schon, ob und wie wir eine Gesellschaft aufbauen können, in der die Würde der Arbeit noch gilt.== Das hat sowohl mit Fragen der Mitbestimmung als auch mit der Diskussion um ein Grundeinkommen zu tun. Das sind jedenfalls eher sorgenvoll stimmende Szenarien.

Eine vierte Bruchstelle ist schließlich der Strukturwandel. Wir alle kennen die Theorie Schumpeters von der »schöpferischen Zerstörung«. Wir haben auch erkannt, dass die soziale Marktwirtschaft das nicht ganz verhindern kann, aber sie verfolgt die Idee, möglichst alle im Boot zu behalten und durch Mechanismen der Solidarität Ausgleiche zu schaffen und Strukturwandel zu gestalten. Das ist nicht einfach. Ich komme aus dem Ruhrgebiet und weiß, was das bedeutet. Der Strukturwandel hat Folgen, die weit über die Wirtschaft hinausgehen und etwa die Zusammensetzung der Bevölkerung in einer Region wie Detroit stark verändern können. Solche Veränderungen sind auch politisch nur schwer bis gar nicht auszuhalten. Deswegen gehört für mich dazu, dass eine soziale Marktwirtschaft in Zukunft einen offensichtlich unvermeidlichen Strukturwandel gestalten muss und diese Entwicklungen nicht einfach wiederum nur dem Markt überlassen kann.

AKTUELLE AUFGABEN

Noch einmal: Ich will mit diesen kurzen Ausführungen nur ein paar Schlaglichter setzen und keine Systemdebatte befördern. Schauen wir auf die Probleme, die uns gestellt sind, und versuchen wir, sie gemeinsam zu diskutieren und anzugehen. Für mich ist klar, dass es ohne eine breite Akzeptanz keine erneuerte Fortschrittsidee geben wird. Dazu braucht man den Gedanken der Solidarität, dass wir gemeinsam unterwegs sind. Nicht alle werden in allem zustimmen können, aber es muss insgesamt eine breite Zustimmung zu der Idee geben, wie wir eigentlich leben wollen und was uns wichtig ist. Ohne diese Akzeptanz wird eine Gesellschaft auseinanderbrechen und zerbröseln, was politisch eben nicht aufzufangen sein wird.

Und ich sage auch: Ohne einen Wertehorizont, ohne Zugehörigkeitsgefühl und ohne Identität wird eine Gesellschaft nicht funktionieren. Dazu gehört Kultur. Dazu gehört Religion. Weder Kultur noch Religion kann man machen oder durch Investitionen hervorrufen. Kultur entsteht aus anderen Quellen. Es glaubt auch niemand an Gott, wenn er Geld dafür bekommt.

Und einen letzten Punkt will ich nennen: Ohne Engagement über das Materielle hinaus, ohne dass wir, und zwar viele von uns, über uns selbst hinausdenken und über das Materielle hinaus denken, wird es die Freiheit nicht geben, ja sie wird sogar auf der Strecke bleiben. ●

68 PLANET

STRUKTUR WANDEL WIE?

CHRISTOPH M. SCHMIDT 69
VOLKSWIRT, ESSEN

oder **ZU DEN GRUNDZÜGEN EINER INDUSTRIEPOLITIK VON MORGEN**

Seitdem Bundeswirtschaftsminister Peter Altmaier im Februar 2019 seinen Entwurf zu einer »Nationalen Industriestrategie 2030« vorgestellt hat, wird in Deutschland wieder intensiv über Industriepolitik und die Zukunft des Wirtschaftsstandorts Deutschlands diskutiert.[1] Einige Passagen dieses Entwurfs hatten zwar die Sorge – und bei einigen Betrachtern wohl leider sogar die Hoffnung – ausgelöst, es könnte hier einer Renaissance der strukturkonservierenden Industriepolitik alten Zuschnitts das Wort geredet werden, wie sie etwa aus der Ära der Steinkohleförderung in Erinnerung geblieben ist. Zudem konnte bei der Lektüre des Papiers der unzutreffende Eindruck entstehen, dass es in Deutschland noch gar keine ausgeprägte industrie- und innovationspolitische Strategie gäbe. Dennoch kann dieser Entwurf als Ausgangspunkt einer fruchtbaren Diskussion über die Zukunft des Wirtschaftsstandorts Deutschland verstanden werden.[2]

==Ziel dieser Debatte sollte sein, eine konsistente Gesamtstrategie dafür zu entwickeln, wie die Wettbewerbsfähigkeit Deutschlands nachhaltig gesichert werden kann.== Diese Strategie muss in überzeugender Weise auf einer Ausgangsbasis ansetzen, die durch die Wirtschaftsordnung der sozialen Marktwirtschaft und durch das spezifische Spezialisierungsprofil der deutschen Volkswirtschaft geprägt wird. So verleiht eine ausgesprochen produktive Industrie gemeinsam mit den unternehmensnahen Dienstleistungen der deutschen Volkswirtschaft aufgrund ihrer vielfältigen Vernetzungen im globalen Gefüge eine zentrale Rolle in internationalen Wertschöpfungsketten.[3]

---

[1] BMWi: *Nationale Industriestrategie 2030 – Strategische Leitlinien für eine deutsche und europäische Industriepolitik*. Berlin 2019.

[2] Bundesverband der deutschen Industrie (BDI): *Deutsche Industriepolitik. Zum Entwurf der Nationalen Industriestrategie 2030*. Berlin, Mai 2019.

[3] OECD: *Global Value Chains (GVCs): Germany*. 2013, http://www.oecd.org/sti/ind/GVCs%20-%20GERMANY.pdf

Deutsche Unternehmen im Fahrzeug- und Maschinenbau und der Grundstoffindustrie waren vor allem in den vergangenen drei Jahrzehnten »Ausrüster« einer wirtschaftlich immer weiter zusammenwachsenden Welt. Der Aufstieg der Schwellenländer, insbesondere Chinas, und die Transformation der osteuropäischen Volkswirtschaften führten zu einer starken Nachfrage nach Investitionsgütern,[4] die auf breiter Basis von großen und mittelständischen deutschen Industrieunternehmen befriedigt werden konnte. Doch mittlerweile ist aus dem chinesischen Aufholprozess ein globaler chinesischer Führungsanspruch erwachsen. Insbesondere die USA, die in dieser Ära starker weltwirtschaftlicher Konvergenz die einzige unangefochtene Weltmacht gewesen waren, sehen deswegen ihre Führungsrolle und ihre Prosperität schwinden. Während China die eigene Volkswirtschaft nur sehr zögerlich öffnet, drängen chinesische Unternehmen im globalen Wettbewerb in Bereiche mit hohem Wertschöpfungspotenzial vor, die bislang eher westlichen Unternehmen vorbehalten schienen.[5] Dadurch treffen jene nun auf Konkurrenten, die ihre Wettbewerbsfähigkeit weniger aus eigener Stärke denn aus staatlicher Unterstützung ziehen.[6]

Es ist daher kein Zufall, dass sich in vielen westlichen Volkswirtschaften starke Kräfte herausgebildet haben, die auf eine Renationalisierung von Wirtschaft und Gesellschaft drängen. Sie haben gerade in solchen Volkswirtschaften starken Zuspruch erfahren, in denen die Verschiebungen in der internationalen Arbeitsteilung mit einem starken Anstieg individueller oder regionaler Ungleichheit einhergingen.

---

4 Wolfgang Dauth / Sebastian Findeisen / Jens Suedekum: *The rise of the East and the Far East: German labor markets and trade integration*, in: *Journal of the European Economic Association*, 12(6). 2014, S. 1643–1675.

5 Fernando Mistura / Caroline Roulet: »The determinants of Foreign Direct Investment«, in: *OECD Working Papers on International Investment*. Paris 2019.

6 Sachverständigenrat zur Begutachtung der gesamtwirtschaftlichen Entwicklung (SVR): »Zeit für Reformen«, in: *Jahresgutachten 2016/17*. Wiesbaden 2016, Ziffern 925 ff.

So lassen sich das Votum für einen Brexit und die Wahl von Donald Trump wohl zumindest zum Teil als Triumph der wirtschaftlich Abgehängten über die von der Globalisierung begünstigten urbanen Eliten verstehen.[7]

Wenngleich auch hierzulande starke nationalistische und populistische Strömungen auf den Plan getreten sind, haben Verlierer der Globalisierung bislang in Deutschland nicht in gleichem Maße prägenden Einfluss genommen. Zum einen waren es gerade deutsche (Industrie-)Unternehmen, die durch Integration der osteuropäischen Volkswirtschaften in die EU und Chinas in die Weltwirtschaft starken Rückenwind erfuhren, während US-amerikanische häufig in direkter Konkurrenz mit chinesischen Unternehmen standen.[8] Zum anderen haben das Steuer- und Transfersystem und ein umfassendes System des regionalen Finanzausgleichs in Deutschland bislang einen starken Anstieg ökonomischer Ungleichheit verhindert.[9]

Doch sieht sich die deutsche Volkswirtschaft mit umso größeren externen Herausforderungen konfrontiert. So hat die regelbasierte globale Marktwirtschaft, die deutsche Unternehmen in den vergangenen Jahrzehnten so stark begünstigt hatte, mit dem unter Präsident Trump schrittweise vollzogenen Rückzug der USA aus internationalen Vereinbarungen und Gremien ihren wichtigsten Fürsprecher eingebüßt. Mittlerweile haben die USA einen Handelskonflikt mit China vom Zaun gebrochen, um ihren eigenen Führungsanspruch zu untermauern. Es

---

[7] David Autor / David Dorn / Gordon Hanson / Kaveh Majlesi: »Importing political polarization? The electoral consequences of rising trade exposure«, in: *NBER Working Paper*, w22637, 2016; Italo Colantone / Piero Stanig: »Global competition and Brexit«, in: *American political science review* 112(2), 2018, S. 201–218.

[8] David Autor / David Dorn / Gordon Hanson (2013): The China syndrome: »Local labor market effects of import competition in the United States«, in: *American Economic Review* 103(6), S. 2121–68; Dauth / Findeisen / Suedekum, 2014.

[9] Sachverständigenrat zur Begutachtung der gesamtwirtschaftlichen Entwicklung (SVR): »Für eine zukunftsorientierte Wirtschaftspolitik«, in: *Jahresgutachten 2017/18*. Wiesbaden 2017, Ziffern 822 ff.

mehren sich die Sorgen, dass eine weitere Zuspitzung dieses Konflikts die Entfaltungsmöglichkeiten international operierender deutscher und europäischer Unternehmen ernsthaft beschneiden könnte.

Deutschland und Europa stehen somit vor einer doppelten Herausforderung durch die mangelnde Bereitschaft Chinas, die Integration in die Weltwirtschaft mit der Anpassung an das Regelwerk des globalen Handelssystems zu honorieren, und durch die Abkehr der USA von ihrer Rolle als Garant der zunehmenden Festigung dieser globalen Wirtschaftsordnung. Hinzu tritt eine weitere große Herausforderung, deren Gestalt jedoch vor allem von hierzulande getroffenen wirtschaftspolitischen Entscheidungen bestimmt wird: die weitgehende Umstellung des Systems der Energieversorgung auf nichtfossile Energieträger. Damit wird die bestehende – auf fossilen Energieträgern fußende – Wirtschaftsstruktur massiv infrage gestellt.

1 EINE GANZHEITLICHE WIRTSCHAFTSPOLITISCHE STRATEGIE

Vor diesem Hintergrund ist es umso dringlicher, dass die deutsche und mit ihr die europäische Wirtschaftspolitik einer Strategie folgt, die in diesem veränderten Umfeld Prosperität nachhaltig sichern kann. Dies kann letztlich nur auf Basis einer umfassenden und in sich konsistenten Strategie gelingen. Kernelemente einer solchen ganzheitlichen Wirtschaftspolitik sind:

eine vorausschauende Finanzpolitik, die (I) durch haushaltspolitische Solidität, insbesondere durch die Einhaltung der Schuldenbremse, ihre Handlungsspielräume für künftige konjunkturelle Herausforderungen bewahrt, (II) Bürger und Unternehmen bei Steuern und Abgaben entlastet und so ihre Leistungsbereitschaft entfesselt sowie Deutschland im internationalen Steuerwettbewerb besser positioniert und (III) die Systeme der sozialen Sicherung auf die anstehende Beschleunigung des demografischen Wandels vorbereitet, insbesondere durch eine Kopplung des Renteneintrittsalters an die stetig steigende Lebenserwartung.

eine befähigende Arbeitsmarkt- und Sozialpolitik, die (I) das bestehende Potenzial an Arbeitskräften besser zur Wirkung kommen lässt, etwa durch weiter verbesserte Vereinbarkeit von Familie und Beruf, (II) das Potenzial an Arbeitskräften durch eine gestärkte (berufliche) Bildung und die gezielte Zuwanderung von (beruflich) qualifizierten Arbeitnehmern erhöht: (III) alle Generationen im Strukturwandel durch eine geeignete Balance von Fördern und Fordern zur aktiven Teilhabe am Fortschritt befähigt.

eine Industrie- und Innovationspolitik, die (I) Unternehmen durch die Bereitstellung einer leistungsfähigen Infrastruktur, eine effektive Wettbewerbspolitik und Außenwirtschaftspolitik dabei unterstützt, sich im internationalen Wettbewerb zu behaupten, (II) durch den Dreiklang »Bildung – Forschung – Wissenstransfer« und das gezielte Beheben von Markt- und Koordinationsversagen im marktwirtschaftlichen Entdeckungsprozess Innovationen ermöglicht und (III) neue Schlüsseltechnologien als Wohlstandsmotor nutzt, indem sie Bürger und Unternehmen innovationsoffen dabei unterstützt, deren Chancen aktiv zu ergreifen.

eine international anschlussfähige Klimaschutzpolitik, die (I) den Abbau der nationalen CO_2-Emissionen kosteneffizient vorantreibt, indem sie einen sektorübergreifend einheitlichen CO_2-Preis als Leitinstrument einsetzt, (II) nationale Anstrengungen in eine gemeinsame europäische Klimapolitik einbettet, deren Kern ein auf alle Sektoren ausgeweiteter Handel für Treibhausgaszertifikate sein sollte, und (III) zum globalen Klimaschutz dadurch beiträgt, dass sie bei der Umsetzung des Klimaabkommens von Paris einem Trittbrettfahrerverhalten anderer Staaten mit nüchternem Verhandlungsansatz entgegentritt.

die Einbettung der deutschen in eine gemeinsame europäische Politik, die (I) sich konsequent nach den drei konstituierenden Prinzipien der europäischen Integration – Subsidiarität, Einheit von Haftung und Kontrolle, Einheit in Vielfalt – ausrichtet, (II) sich bei gemeinsamen Maßnahmen auf Themen mit europäischem Mehrwert konzentriert und bei Übernahme gemeinsamer Haftung für die Entscheidungen zugleich Souveränitätsverzicht vorsieht sowie (III) im Gegensatz zur bisherigen Erfahrung mit der À-la-Carte-Mentalität der europäischen Regierungen konsequent Regeltreue einfordert und deren Ausbleiben sanktioniert.

Die Aufmerksamkeit des vorliegenden Beitrags gilt dem Bereich der Industrie- und Innovationspolitik. Zum einen handelt es sich dabei um solche politischen Weichenstellungen und Eingriffe, die die Möglichkeiten der heimischen Unternehmen verbessern, im In- und Ausland unternehmerisch tätig zu sein und ihre Leistungsfähigkeit im rauen Wind des Wettbewerbs stetig weiterzuentwickeln. Zum anderen geht es dabei um solche politischen Weichenstellungen und Eingriffe, die den Strukturwandel – innovative Produkte, Prozesse und Geschäftsmodelle sowie neue Unternehmen – der heimischen Wirtschaft ermöglichen und vorantreiben, um deren Produktivitätswachstum und internationale Wettbewerbsfähigkeit zu stärken.[10]

Die Wirtschaftsgeschichte der Industriegesellschaften zeigt allerdings, dass mit dem Begriff der Industriepolitik oftmals eine alternative Interpretation verbunden ist: Industriepolitische Eingriffe dienen häufig dem Bewahren überkommener Strukturen und der Stützung sol-

---

10 Dani Rodrik (2004): »Industrial Policy for the Twenty-First Century«, in: *KSG Working Paper*, RWP04-047.

cher – sich meist politischer Unterstützung erfreuender – Branchen und Unternehmen, die aus eigener Kraft nicht im Wettbewerb bestehen.[11] In der wirtschaftspolitischen Praxis besteht stets die Gefahr, dass die Industriepolitik von organisierten Interessen für derartige Zwecke gekapert wird. Da die Bedienung von Einzelinteressen dem übergreifenden Ziel zuwiderläuft, die gesamtwirtschaftliche Prosperität zu fördern, ist eine solche Industriepolitik eindeutig abzulehnen.

Aber es dürfte meist schwer zu erkennen sein, wenn sie in diese Richtung kippt, da ihre Ausrichtung auf Einzelinteressen im politischen Diskurs natürlich nicht offen vorgetragen wird. Stattdessen dürfte beim Werben um die industriepolitische Unterstützung von Einzelinteressen immer auf unfaire Wettbewerbsbedingungen und – den schwer zu definierenden, aber gerade deswegen im politischen Diskurs wirkmächtigen Begriff – »strategische Interessen« des Landes verwiesen werden. Eine kluge Industriepolitik muss demnach zur nachhaltigen Sicherung der wirtschaftlichen Prosperität unternehmerisches Handeln stützen, aber zugleich stets hinterfragen, ob sie im Einzelfall zur Bedienung von Einzelinteressen missbraucht wird.

Die Industriepolitik muss nicht nur Sicherungsmechanismen gegen ihren Missbrauch vorsehen, sondern auch die Grenzen ihrer Wirkmächtigkeit beachten. So unterliegen zum einen die genannten Politikfelder einer engen Wechselwirkung. Einer Industrie- und Innovationspolitik, die lediglich als Reparaturbetrieb für eine ansonsten der wirtschaftlichen Prosperität abträgliche Politikstrategie eingesetzt wird, sind enge Grenzen gesetzt. So mag es bisweilen vorteilhaft sein, die in anderen Politikbereichen errichteten Hemmnisse für intensiveres unternehmerisches Handeln oder den Strukturwandel abzubauen, statt ihnen auf dem Feld der Industriepolitik entgegenzuwirken.

---

11 James Foreman-Peck, J. (2006): »Industrial policy in Europe in the 20th century«, in: *EIB papers*, 11(1), S. 36–62.

Dies wird vermutlich am deutlichsten bei der Klimapolitik. Die weitgehende Umstellung des gesamten Systems der Energieversorgung auf nichtfossile Energieträger erfordert ohnehin Investitionen und Innovationen, deren Ausmaß weit über das hinausgeht, was ansonsten anstünde. Doch hinzu tritt eine gewaltige zusätzliche Herausforderung: Die in Deutschland und Europa verfolgte Klimapolitik muss einen wirksamen Beitrag zum globalen Klimaschutz leisten und zugleich vermeiden, die Leistungsfähigkeit der heimischen Wirtschaft zu zerstören. Hier entsteht ein Zielkonflikt mit der Industriepolitik, denn andere Volkswirtschaften könnten ihren Unternehmen als klimapolitische Trittbrettfahrer Wettbewerbsvorteile verschaffen.[12]

Zum anderen würde eine Industriepolitik, die mit Mitteln der diskretionären politischen Steuerung versucht, die wirtschaftlichen Strukturen nach ihren Vorstellungen zu gestalten, nicht zur marktwirtschaftlichen Grundordnung der deutschen – und auch nicht der europäischen – Wirtschaft passen. Denn diese setzt darauf, dass einer Vielzahl dezentral handelnder Akteure die Freiheit gegeben wird, ihre Entscheidungen aus eigenem Antrieb und unter eigener Einschätzung der damit für sie verbundenen Chancen und Risiken zu treffen. Solange diese Freiheit bewahrt wird, werden sich Investitionen in neue Technologien, die Gründung neuer Unternehmen und die Veränderung von Wirtschaftsstrukturen nicht politisch steuern lassen.

Eine Industriepolitik, die den skizzierten Herausforderungen begegnen, sich nicht von Einzelinteressen vereinnahmen und zugleich eine fehlgeleitete Steuerungsillusion vermeiden will, ist durchaus möglich. Sie ist aber zweifellos anspruchsvoll, denn sie erfordert nicht nur politische Entscheidungsträger, die kompetent genug sind, um zu erkennen, wann lediglich ein Rahmen für individuelles Handeln zu set-

---

12 Sachverständigenrat zur Begutachtung der gesamtwirtschaftlichen Entwicklung (SVR): *Aufbruch zu einer neuen Klimapolitik – Sondergutachten*. Wiesbaden, Juli 2019.

zen ist, wann gezielte Maßnahmen sinnvoll und wann sie zu beenden sind. Sie müssen auch den Willen haben, der mit gezieltem Eingreifen häufig verbundenen positiven Öffentlichkeitswirkung zu entsagen, wenn die nachhaltige Prosperität der Volkswirtschaft besser dadurch zu fördern ist, dass die Politik nicht ins Geschehen eingreift.

2 SICHERUNG DER STANDORTQUALITÄT

Deutschland und in ähnlicher Weise Europa verfolgen bereits seit geraumer Zeit eine industriepolitische Strategie, die Grundzüge des skizzierten Anforderungsprofils erfüllt. Sie lässt sich zumindest im Ansatz als eine »horizontal« ausgerichtete Industriepolitik verstehen, die Infrastruktur bereitstellt, den Wettbewerb sichert und einzelne Aktivitäten nur dort fördert, wo Markt- oder Koordinationsversagen dazu führen, dass sie ohne diesen staatlichen Eingriff in gesamtwirtschaftlich betrachtet zu geringem Ausmaß verfolgt würden. ==Diese Strategie gilt es nun in eine Welt zu führen, die sich durch neue Wettbewerbsverzerrungen stark gewandelt hat.==

Im Kern geht es für Deutschland und Europa dabei darum, zwei Zielsetzungen zu verwirklichen. Zum einen sollte die Industriepolitik im Zusammenspiel mit anderen Bereichen der Wirtschaftspolitik die Qualität des Wirtschaftsstandorts sichern. Zum anderen sollte sie als Innovationspolitik dafür sorgen, den heimischen Unternehmen bestmögliche Zukunftschancen zu eröffnen. Mit Blick auf die Standortqualität sollten faire Wettbewerbsbedingungen gewährleisten, dass sich unternehmerische Initiative frei entfalten kann, um sich in diesem Wettbewerb durchzusetzen. Darüber hinaus kann die Politik unternehmerischem Tun durch die diskriminierungsfreie Bereitstellung einer geeigneten Infrastruktur Rückenwind verleihen.

2.1 SICHERSTELLUNG FAIREN WETTBEWERBS

Ausgangspunkt einer sinnvollen industriepolitischen Strategie muss es somit sein, am Standort eigenverantwortliches unternehmerisches Handeln zu beflügeln. Der Wirtschaftsordnung der sozialen Marktwirtschaft folgend muss staatliches Handeln dabei vor allem für einen funktionierenden Wettbewerb sorgen, indem der Missbrauch von Marktmacht unterbunden wird. Denn der Wettbewerb sorgt für den nötigen Leistungsdruck, um Unternehmen anzutreiben, ihre Leistung effizient zu erstellen und preisgünstig anbieten zu können. Doch diese unternehmerische Initiative wird gehemmt, wenn andere Unternehmen ihre dominante Stellung ausnutzen können, um Wettbewerbern den Zugang zum Markt zu verwehren.

Dieser Grundsatz bildete in den vergangenen Jahrzehnten die Basis für die deutsche Wirtschaftsstruktur, die neben erfolgreichen großen Unternehmen vor allem einen leistungsfähigen und standorttreuen Mittelstand aufweist. Diese Struktur lebt somit zum einen von der Kraft der Vielfalt. Nicht zuletzt sind es gerade die mittelständisch geprägten »Hidden Champions«, welche die sich durch internationale Arbeitsteilung ergebenden Chancen nutzen, um in ihrer jeweiligen Nische auf dem Weltmarkt eine führende Rolle einzunehmen. Zum anderen war ein stetiger und zugleich sozial stark abgefederter Strukturwandel die Quelle des deutschen wirtschaftlichen Erfolgs, der ansonsten undenkbar gewesen wäre.

Wenngleich die politische Rhetorik stets die Bedeutung des Wettbewerbs hervorhob, wäre es naiv zu behaupten, dieser Strukturwandel sei völlig ungehemmt verlaufen. Ein prägnantes Beispiel für jahrzehntelange strukturkonservierende Industriepolitik dürfte etwa die Subventionierung der Steinkohleförderung darstellen. Diese Politik wäre ohne Verzahnung zwischen politischen Parteien und wirtschaftlichen

Interessenverbänden oder Gewerkschaften kaum zu verwirklichen gewesen. Dennoch bildete das Bekenntnis zu den Prinzipien der sozialen Marktwirtschaft ein Bollwerk gegen Günstlingswirtschaft.

Mit dieser grundsätzlichen Ablehnung einer allzu engen Verquickung von Staat und Wirtschaft steht nicht nur die reichhaltige deutsche Unternehmensstruktur im Einklang, sondern auch die Skepsis, die im deutschen wirtschaftspolitischen Diskurs traditionell der Vorstellung staatlich geförderter »nationaler Champions« entgegenschlägt.[13] Umso besorgniserregender wäre es, würde die Bundesregierung die traditionelle französische industriepolitische Strategie, Unternehmen durch gezieltes staatliches Handeln zu unterstützen, nunmehr stark umarmen.[14] Vielmehr ist darauf zu achten, dass das im Frühjahr 2019 grundsätzlich verabredete gemeinsame industriepolitische Handeln von Deutschland und Frankreich nur in solchen Fällen zur Anwendung gelangt, in denen dies tatsächlich gut zu begründen ist. Bislang hat die Politik einen entsprechenden Katalog an Prüfkriterien nicht vorgelegt. Es dürfte sinnvoll sein, ihn an den drei konstituierenden Prinzipien des europäischen Integrationsprozesses auszurichten:

Subsidiarität: Gemeinsames Handeln ist nur dann angezeigt, wenn aufgrund der externen Effekte individuellen Handelns oder aufgrund von Skalenerträgen durch gemeinschaftliches Handeln ein nennenswerter Mehrwert entsteht.

Einheit von Haftung und Kontrolle: Um die Nachhaltigkeit gemeinsamen politischen Handelns zu gewährleisten, sollte gemeinsame Haftung grundsätzlich mit einem individuellen Souveränitätsverzicht bei den Entscheidungen einhergehen.

---

13 Monopolkommission (2004): »Wettbewerbspolitik im Schatten ›Nationaler Champions‹«, in: *15. Hauptgutachten der Monopolkommission*, 2002/2003.

14 Geoffrey Owen: »Industrial policy in Europe since the Second World War: What has been learnt?«, in: *ECIPE occasional paper*, 1/2012.

Einheit in Vielfalt: Europa hat sich verabredet, beim Bemühen um ein friedliches Zusammenwachsen Kraft aus seiner historisch gewachsenen Vielfalt zu schöpfen und dabei aus dem Wettbewerb unterschiedlicher Ansätze zu lernen.

Dem Prinzip der Subsidiarität entspricht gemeinschaftliches Handeln etwa bei Fragen der Sicherheits- und Außenpolitik, bei der Klimapolitik, bei der Grundlagenforschung sowie die Gewährleistung eines funktionierenden Binnenmarkts. Es gilt daher, zunächst im europäischen Binnenmarkt einen fairen Wettbewerb sicherzustellen. Dabei ist zu berücksichtigen, dass sich die Welt rasant ändert: Die mit der zunehmenden Digitalisierung des Wirtschaftslebens aufblühende Plattformökonomie und damit verbundene Skalenerträge machen eine Aktualisierung des europäischen Wettbewerbsrechts erforderlich, etwa um die Herausbildung marktbeherrschender Stellungen bereits frühzeitig erkennen und darauf reagieren zu können.[15]

Zudem drängen in weit stärkerem Ausmaß als in den vergangenen Jahrzehnten Wettbewerber auf den europäischen Markt, die in ihrer Heimat starke staatliche Förderung erfahren. Spektakulärsten Ausdruck findet dies bei Unternehmensübernahmen, die bisweilen die Sorge erzeugen, Wissen könnte von staatlich dominierten Unternehmen aus Drittstaaten abgezogen werden.[16] Hier muss Europa durch transparente Anwendung der Instrumente des Außenwirtschaftsrechts die öffentliche Ordnung und nationale Sicherheit wahren, aber zugleich gegenüber Investitionen aus dem Ausland offen bleiben, auch in vermutlichen Schlüsselindustrien.

Gemeinsam kann und soll Europa jedoch auf jeden Fall die Rahmenbedingungen des internationalen Wettbewerbs gestalten. Es gilt

---

15 Vgl. BMWi: *Ein neuer Wettbewerbsrahmen für die Digitalwirtschaft, Bericht der Kommission Wettbewerbsrecht 4.0*. Berlin, September 2019.

16 Cora Jungbluth: *Kauft China systematisch Schlüsseltechnologien auf?*. Gütersloh 2018.

dabei insbesondere, die Reformagenda der World Trade Organisation (WTO) weiterzuentwickeln, unter anderem durch neue Regeln zum Umgang mit Staatsunternehmen und erzwungenem Technologietransfer. Die WTO sollte durch Modernisierung als zentrale Institution des freien, regelbasierten Welthandels gestärkt werden, etwa durch die Entwicklung weltweiter Standards für die digitale Wirtschaft. Zudem sollten die bestehenden Regeln der WTO konsequent durchgesetzt werden, insbesondere die Verpflichtung der Mitglieder zur Marktöffnung und zur Transparenz bei der Abgrenzung von Staatsunternehmen.

==Europa sollte engagiert für den Freihandel eintreten.== Die transparente und konsequente Anwendung der bestehenden handelspolitischen Schutzinstrumente, mit denen handelspolitisches Trittbrettfahrerverhalten bestraft wird, kann dabei ein zentrales Strategieelement darstellen. Gerade im Wettbewerb mit den staatlich gelenkten chinesischen Unternehmen wird es jedoch schwerfallen, eindeutig zu erkennen, wo der Wettbewerb tatsächlich durch staatliche Lenkung verzerrt ist. Nur wenn sie die Verfahren möglichst transparent und sachgerecht anwendet, wird die Handelsstrategie der europäischen Politik nach außen Legitimität erhalten und verhindern können, dass heimische Interessen sie als eine Hintertür für Protektionismus nutzen.

2.2 BEREITSTELLUNG GEEIGNETER INFRASTRUKTUREN

Um unternehmerischer Initiative Rückenwind zu verleihen, sollte die Politik diskriminierungsfrei eine geeignete Infrastruktur bereitstellen. Dabei geht es um mehr als nur die physische Infrastruktur, etwa die Sicherstellung der Integrität der Kommunikationsinfrastruktur. Ebenso wichtig ist die prozedurale Infrastruktur, die sich beispielsweise durch rechtssichere, transparente und einfache Verfahren staatlicher Regulierung und durch die Verbesserung des Zugangs heimischer Unternehmen zu den Weltmärkten auszeichnet. Im weiteren Sinne zählen dazu auch angrenzende Politikfelder, wie eine international wettbewerbsfähige Unternehmensbesteuerung und ein leistungsfähiges Bildungssystem.

Im Hinblick auf die physische Infrastruktur ist es offensichtlich, dass die Verkehrs-, Energie- und Digitalinfrastruktur für die Wettbewerbsfähigkeit der deutschen und europäischen Unternehmen elementare Bedeutung besitzt. Wenngleich sie nicht notwendigerweise durch staatliches Handeln bereitgestellt werden muss, ist es doch eine wichtige staatliche Aufgabe, für ihre Bereitstellung zu sorgen. Dazu gehören insbesondere schnelle Planungs- und Genehmigungsverfahren, die risikogerechte Absicherung von Exporten und die Durchführung von Verfahren, welche die Akzeptanz für den Infrastrukturausbau stärken.

Im Hinblick auf die prozedurale Infrastruktur besticht der Wirtschaftsstandort Deutschland traditionell durch hohe Rechtssicherheit und Verlässlichkeit der staatlichen Verwaltung. Dennoch wird angesichts zunehmender Berichtspflichten häufig beklagt, dass bürokratische Belastung einen Standortnachteil bilden kann. Maßnahmen zum Bürokratieabbau sind daher gerade aus Sicht kleiner und mittlerer Unternehmen hochwillkommen. Insbesondere ist der Staat beim Übergang in eine völlig digitalisierte Wirtschaft gefordert, selbst mit einer funktionierenden digitalen Verwaltung voranzuschreiten, die den Unternehmen über geeignete Schnittstellen bei Verwaltungsakten einen möglichst geringen Erfüllungsaufwand abfordert.[17]

Es gehört zu einer wohlstandsfördernden Handelspolitik der EU, europäischen Unternehmen einen besseren Zugang zu den Weltmärkten zu verschaffen, durch bilaterale und multilaterale Abkommen Zölle und Handelsbarrieren sowie durch regulatorische Kooperation und

---

17 Sachverständigenrat zur Begutachtung der gesamtwirtschaftlichen Entwicklung (SVR): »Vor wichtigen wirtschaftspolitischen Weichenstellungen«, in: *Jahresgutachten 2018/19*, Wiesbaden 2018, Ziffern 144 ff.

Standardisierung nichttarifäre Handelshemmnisse abzubauen. Ebenso zählt dazu der fortwährende Einsatz für den internationalen Schutz geistiger Eigentumsrechte und für wirksamen Technologie-, Marken- und Patentschutz.

Angrenzende Politikfelder müssen im Sinne der oben skizzierten ganzheitlichen wirtschaftspolitischen Strategie gleichzeitig mit der Industriepolitik in den Blick genommen werden. So sollte angesichts des heftigen internationalen Steuerwettbewerbs das Belastungsniveau der deutschen Unternehmenssteuern abgesenkt werden, beispielsweise durch die vollständige Abschaffung des Solidaritätszuschlags.[18] Zugleich ist die Fach- und Anwendungskompetenz deutscher Arbeitnehmer sicherzustellen durch die Ausrichtung eines gestärkten Systems der Aus- und Weiterbildung auf die digitale Lebens- und Arbeitswelt, die Gewinnung von Fachkräften aus dem Ausland und ihre Integration sowie den Ausbau der digitalen Bildungsinfrastruktur.

2.3 KLIMASCHUTZ OHNE WETTBEWERBSNACHTEILE

Das Bemühen um einen Beitrag zum globalen Klimaschutz spricht die beiden diskutierten Aspekte der Industriepolitik, die Sicherstellung eines fairen (internationalen) Wettbewerbs und die diskriminierungsfreie Bereitstellung einer unternehmerisches Handeln beflügelnden Infrastruktur, in besonders intensiver Weise an. Im Mittelpunkt steht dabei die für große Teile der Industrie und für die Energiewirtschaft bereits europaweit verwirklichte Bepreisung der Nutzung fossiler Energieträger gemäß ihrem CO_2-Gehalt.[19] Es wird angestrebt, dieses System der CO_2-Bepreisung perspektivisch auf die Sektoren Mobilität und Ge-

---

[18] SVR, 2018, Kapitel 6.

[19] CO_2 steht hier als Pars pro Toto für die nicht nur bei der Verbrennung fossiler Ressourcen freigesetzten Treibhausgase.

bäude auszuweiten, wobei dies allerdings zunächst nur in einem nationalen Ansatz verwirklicht werden dürfte.

Der Klimawandel ist allerdings eine globale Herausforderung, der im Idealfall mit der Erhebung eines global wirksamen CO_2-Preises begegnet werden sollte. Mit dem Klimaabkommen von Paris 2015 hat sich die Weltgemeinschaft zwar darauf geeinigt, die Erderwärmung in gemeinsamer Anstrengung zu begrenzen. Doch bislang ist das damit verbundene gewaltige Kooperationsproblem ungelöst, für hinreichende nationale Anstrengungen zum Klimaschutz zu sorgen und gleichzeitig keine Anreize zum Trittbrettfahrerverhalten zu setzen.[20] In Europa ist mit dem Europäischen Emissionshandelssystem (EU-ETS) zumindest für die von ihm erfassten Bereiche ein einheitliches System der Bepreisung von CO_2 umgesetzt worden.

Einheitliche CO_2-Preise dienen somit als Koordinationssignal für eine arbeitsteilige Vermeidung von CO_2, wobei das zulässige Gesamtvolumen der Emissionen im Zeitverlauf abgesenkt wird und somit immer stärkere Anreize für den Einsatz ressourcenschonender Verfahren gesetzt werden. Aus Sicht des verarbeitenden Gewerbes führen CO_2-Preise dazu, dass die Kosten der Herstellung seiner – häufig auf globalen Märkten angebotenen – Produkte entsprechend der Energieintensität ihrer Produktion steigen. Damit stehen sie in direkter Konkurrenz mit Unternehmen, die ihre Produktion ohne die mit einer CO_2-Bepreisung verbundenen zusätzlichen Kosten verwirklichen können und somit Wettbewerbsvorteile genießen.

Dies kann die europäische Klimapolitik nicht einfach hinnehmen. Denn entweder verlieren die energieintensiv produzierenden heimischen Unternehmen, die zugleich im internationalen Wettbewerb stehen, etwa die Stahlindustrie, ihre Marktanteile; dann verfehlt die

---

20 Axel Ockenfels / Christoph Schmidt: »Die Mutter aller Kooperationsprobleme«, in: *Zeitschrift für Wirtschaftspolitik*, 68(2), S. 122–130; SVR, 2019.

Klimapolitik aber ihr Ziel, den Übergang in eine nichtfossile Zukunft ohne große wirtschaftliche Verwerfungen zu verwirklichen. Oder die heimischen Unternehmen verlagern nennenswerte Teile ihrer Produktion dorthin, wo sie einer CO_2-Bepreisung nicht unterliegen; dann mag sich zwar die deutsche CO_2-Bilanz auf dem Papier verbessern, aber dem Klimaschutz wäre nicht gedient, da die nun anderswo entstehenden Emissionen genauso klimawirksam sind wie heimische.

Bislang ist es im Rahmen des EU-ETS wirksam gelungen, diesem Problem zu begegnen durch eine kostenlose Zuteilung von Emissionszertifikaten an energieintensive und im internationalen Wettbewerb stehende Unternehmen. Dies lässt sich natürlich nur bei einer entsprechenden Abgrenzung verwirklichen: Nicht dazu gehören beispielsweise die heimischen Energieversorger, da sie ihr Produkt nicht im internationalen Wettbewerb vermarkten und ihre durch die CO_2-Bepreisung gestiegenen Kosten zum größten Teil an ihre Kunden weitergeben. Einschlägige empirische Studien zeigen, dass diese Kompensationsmaßnahme die Verlagerung der Produktion aus dem Bereich des EU-ETS bislang wirksam verhindert hat.[21]

Doch sind die aktuellen CO_2-Preise voraussichtlich nur ein Vorgeschmack auf die in Zukunft zu erwartenden höheren CO_2-Preise. Natürlich kann die heimische Politik mit der Bereitstellung einer besonders leistungsfähigen Infrastruktur gegenhalten, etwa durch gut ausgebaute Netze bei der Stromversorgung. Aber es ist eine offene Frage, inwieweit Kompensationsmaßnahmen innerhalb des Systems in der Lage sein werden, Wettbewerbsnachteile für die energieintensive und im internationalen Wettbewerb stehende Industrie in Grenzen zu halten. Letztlich wird es voraussichtlich zur Einrichtung von

---

21 Nils aus dem Moore / Philipp Großkurth / Michael Themann: »Multinational Corporations and the EU Emissions Trading System. The Spectre of Asset Erosion and Creeping Deindustrialization« (2019), in: *Journal of Environmental Economics & Management* 94, S. 1–26.

Grenzausgleichszahlungen gemäß CO_2-Gehalt kommen müssen, wenn es nicht gelingen sollte, eine globale Allianz für den Klimaschutz zu schmieden.[22]

3 ERÖFFNUNG VON ZUKUNFTSCHANCEN

Mit Blick auf die Eröffnung von Zukunftschancen sollte die Industriepolitik dafür sorgen, dass sich das bewährte Erfolgsprinzip eines durch Wettbewerb getriebenen stetigen Strukturwandels weiterhin ohne größere Hemmnisse durchsetzen kann. Dies geht weit über den Wettbewerb um die preisgünstigste Bereitstellung bewährter Produkte und Dienstleistungen sowie den damit verbundenen Eintritt neuer und den Verlust von Marktanteilen etablierter Unternehmen hinaus. Vielmehr stehen in der modernen Wissensgesellschaft Innovationen im Vordergrund: Neue Produkte, Dienstleistungen und Geschäftsmodelle etablieren sich im Marktgeschehen und – als soziale Innovationen – in der gesellschaftlichen Praxis.[23]

3.1 ERNEUERUNG DURCH STRUKTURWANDEL

Die Industriepolitik hat dabei die doppelte Aufgabe, einerseits ergebnisoffen bestmögliche Voraussetzungen für einen reibungslosen Verlauf des Strukturwandels zu schaffen. Im Prinzip sind damit die gleichen Handlungsfelder angesprochen, welche ohnehin die Attraktivität des Wirtschaftsstandorts prägen: faire Wettbewerbsbedingungen, Durchsetzung wirtschaftspolitischer gegenüber anderen politischen Zielsetzungen, Bereitstellung einer Infrastruktur, die raschen Struk-

---

22 SVR, 2019.

23 Vgl. Hightech-Forum (Hrsg.): *Gemeinsam besser: Nachhaltige Wertschöpfung, Wohlstand und Lebensqualität im digitalen Zeitalter – Innovationspolitische Leitlinien des Hightech-Forums*. Berlin 2017.

turwandel begünstigt. Andererseits sollte die Industriepolitik als Innovationspolitik verstanden dazu beitragen, dass neues Wissen rasch entstehen und zur Marktreife gelangen kann.

Der Wettbewerb ist und bleibt das primäre Entdeckungsprinzip einer funktionierenden Marktwirtschaft. Dem Staat kommt dabei die wichtige Rolle zu, etablierte Unternehmen darin zu hindern, ihre marktbeherrschende Stellung zur Abschottung gegenüber aufkeimenden Wettbewerbern auszunutzen. Die ständige Bedrohung durch andere Unternehmen mit besseren Lösungen hält die Marktteilnehmer dazu an, selbst weiter nach besseren Lösungen zu streben.[24] So schafft der Wettbewerb die für den Wohlstandszuwachs unabdingbare Dynamik. Neben einer effektiven Wettbewerbspolitik sollte die Industriepolitik anstreben, im Wettbewerb mit anderen Politikfeldern, etwa der Arbeitsmarkt- und Sozialpolitik, für die Einsicht zu werben, dass ein möglichst reibungslos verlaufender Strukturwandel ein langfristig unverzichtbarer Quell des Wohlstands ist. So dürfte zwar der durch die Abfederung sozialer Härten hierzulande weitgehend gewährleistete soziale Friede ein wichtiges Element erfolgreicher deutscher Wirtschaftsgeschichte gewesen sein. Dennoch hat die deutsche Wirtschaftspolitik das Abwägungsproblem zwischen Wirtschaftswachstum und Wohlstandsverteilung zunehmend aus dem Blick verloren[25] – vielleicht ihr größtes Versäumnis der vergangenen Jahre.

In besonderem Maße ist der Staat allerdings gefragt, wenn es um die Entstehung neuen Wissens und dessen Nutzung für Innovationen geht. Denn in kaum einem anderen Bereich ist die Rechtfertigung für staatliches Eingreifen so offensichtlich wie bei der (angewandten) Grundlagenforschung. Überließe man diese Aktivitäten ausschließ-

---

24 Philippe Aghion / Christopher Harris / Peter Howitt / John Vickers (2001): »Competition, imitation and growth with step-by-step innovation«, in: The Review of Economic Studies, 68(3), S. 467–492.

25 SVR, 2017, Ziffern 1 ff.

lich dezentralen Marktkräften, dann würden sie wohl kaum in einem gesamtwirtschaftlich wünschenswerten Ausmaß verfolgt, denn im Gegensatz zu ihren Kosten, die von den Handelnden allein getragen werden müssen, kommen ihre Früchte typischerweise der Allgemeinheit zugute. In derartigen Fällen von Markt- oder Koordinationsversagen muss daher der Staat eingreifen.

In erster Linie geht es dabei darum, ergebnisoffen eine geeignete Infrastruktur für Innovationen bereitzustellen, dem Dreiklang Bildung – Forschung – Wissenstransfer gemäß. Deutschland verfügt in diesem Bereich insbesondere über eine leistungsfähige Szene außeruniversitärer Forschungsnetzwerke, die das Spektrum von der reinen Grundlagenforschung (Max-Planck-Institute) über die angewandte Grundlagenforschung (Helmholtz- und Leibniz-Institute) bis hin zur vorwettbewerblichen angewandten Forschung (Fraunhofer-Institute) aufspannen. Um für ein stärkeres Innovationstempo zu sorgen, könnte die Innovationspolitik mehr staatliche Mittel auf diesen bewährten Teil des deutschen Innovationssystems richten.

Darüber hinaus gilt es nicht nur, an der Schnittstelle zwischen der regionalen Hochschul- und Forschungslandschaft und den forschenden Unternehmen bessere Möglichkeiten der Kooperation zu schaffen. Vielmehr sollte auch eine hohe Priorität darauf liegen, neu gegründeten Unternehmen gute Voraussetzungen dafür zu bieten, im Innovationswettbewerb zu bestehen. Neben der Ermutigung zum Wagnis des Unternehmertums allgemein wäre hier eine Verbesserung der Finanzierungsbedingungen angezeigt, die an der kritischen Stelle des Übergangs von der Anfangsfinanzierung zur Finanzierung der Anwendung – Skalierung und Expansion – greift, etwa durch die angestrebte Vertiefung der Kapitalmarktunion.[26]

---

26 Ann-Kristin Achleitner / Reiner Braun / Jan Henning Behrens / Thomas Lange: *Innovationskraft in Deutschland verbessern: Ökosystem für Wachstumsfinanzierungen stärken.* acatech STUDIE, 2019.

Allerdings würde die rein ergebnisoffene Bereitstellung allein der Infrastruktur für Innovationen zu kurz greifen. Denn die Politik hat die Verantwortung, dafür zu sorgen, dass neues Wissen gerade in denjenigen Bereichen entsteht und in unternehmerischem Tun zur Anwendung gelangt, welche die Gesellschaft vor große Herausforderungen stellen, beispielsweise globale Klimaveränderungen.[27] Ebenso sollte sie unternehmerisches Handeln in denjenigen Bereichen direkt anregen, die in einem solch besonderem Maß unter Markt- oder Kooperationsversagen leiden, dass ihnen eine sektorunabhängige Industriepolitik nicht gerecht wird.

Eine »strategische« strukturkonservierende Industriepolitik lässt sich dadurch allerdings hierzulande nicht rechtfertigen. So kann zwar im Kontext von Entwicklungs- und Schwellenländern eine gezielte industriepolitische Förderung einzelner Branchen geeignet sein, um die komparativen Vorteile einer Volkswirtschaft herauszufinden. Aber diese Frage ist in den entwickelten Volkswirtschaften längst beantwortet und ihre Strukturen sind dementsprechend historisch gewachsen. In Europa kann daher eine gezielt eingreifende »vertikale« Industriepolitik nur dann gerechtfertigt werden, wenn nur sie ansonsten verschlossen bleibende Zukunftschancen eröffnen kann. Die Beweislast sollte dabei jeweils bei ihren Befürwortern liegen.

3.2 IDENTIFIKATION VON ZUKUNFTSFELDERN

Die Ablehnung einer »vertikalen« Industriepolitik, die einzelne Unternehmen begünstigt, bleibt somit die richtige grundsätzliche Haltung der Industriepolitik. Sie kann und sollte jedoch im Einzelfall gegenüber dem Ergreifen von Zukunftschancen in den Hintergrund treten.

---

27 Mariana Mazzucato: *Mission-oriented research & innovation in the European Union: a problem-solving approach to fuel innovation-led growth.* Publications Office of the European Union, Luxembourg 2018.

Dies dürfte vermutlich gerade bei Querschnittstechnologien wie der künstlichen Intelligenz der Fall sein. Da deren kompetente Beherrschung für das wirtschaftliche Geschehen insgesamt von hoher Bedeutung ist, übersteigt ihr gesellschaftlicher ihren privaten Ertrag.[28] Dies könnte ebenso für mögliche Zukunftsfelder wie Cybersicherheit, die Biologisierung der Wirtschaft und kognitive autonome Systeme gelten.

In diesen gut zu begründenden Fällen wäre es keine gute Entscheidung, wenn sich der Staat unter Berufung auf die – natürlich immer berechtigte – Sorge, möglicherweise von Einzelinteressen vereinnahmt zu werden, auf eine rein flankierende Rolle zurückzöge. Es ist vielmehr angezeigt, die direkte »vertikale« Förderung einzelner Technologien, Branchen oder gar Unternehmen, die in diesen Fällen unvermeidlich ist, einem prinzipiengeleiteten Verfahren zu unterwerfen. Zu Beginn dieses Vorgehens steht die Identifikation dieser Zukunftsthemen und die Darlegung der Notwendigkeit staatlichen Eingreifens in einem strukturierten Dialog zwischen Wissenschaft, Wirtschaft und Politik, wie dem seit Jahren durchgeführten »Innovationsdialog«.[29]

Die Förderung selbst sollte im Wettbewerb vergeben, im Rahmen der Möglichkeiten technologieoffen gestaltet und temporär gewährt werden. Zudem ist sie durch einen rigorosen Prozess des Monitorings und der Evaluierung durch unabhängige Dritte zu begleiten, der ein konsequentes Nachsteuern oder einen vorzeitigen Abbruch der Förderung gestattet. Nicht zuletzt sollte die Innovationspolitik in diesen Fällen die für staatliches Verwaltungshandeln typische Risikoscheu ablegen: Nur solche Projekte anzuschieben, deren Erfolg sehr wahr-

---

28 U. Akcigit / D. Hanley / N. Serrano-Velarde (2017): »Back to basics: Basic research spillovers, innovation policy and growth«, in: *NBER Working Paper* w19473.

29 Federführend organisiert von der deutschen Akademie der Technikwissenschaften (acatech).

scheinlich ist, würde der Herausforderung nicht gerecht.[30] Aber umso mehr muss die Förderung sehr gut begründet werden und der rechtzeitige Ausstieg aus der Förderung gewährleistet sein.

Zudem sollten andere Motive als das Eröffnen von Zukunftschancen bei der Förderung keine Rolle spielen, also weder die künstliche Schaffung nationaler oder europäischer Champions noch das Verfolgen von nationalen Sicherheitsinteressen. Denn das Aufpäppeln solcher Unternehmen, die es trotz der staatlichen Anschubhilfe nicht schaffen, eine führende Rolle im Markt einzunehmen, widerspricht dem Bestreben, im Sinne eines fairen Wettbewerbs leistungsfähigen Akteuren den Vortritt zu lassen. Und die nationale Sicherheit sollte schon aus Gründen der Transparenz ausschließlich mit dem dafür vorgesehenen Instrumentarium gewahrt werden. Innovationspolitische Maßnahmen brauchen eine gute innovationspolitische Rechtfertigung.

Ein wichtiger Anwendungsfall ist die angestrebte Transformation des Systems der Energieversorgung mit dem Ziel der Klimaneutralität. Der Schlüssel liegt dabei wiederum in der Rahmensetzung: Ein wirksames System der CO_2-Bepreisung setzt nicht nur Anreize für die Verschiebung der Produktion und anderer wirtschaftlicher Aktivitäten in Richtung bestehender, sondern auch für die Entwicklung innovativer ressourcenschonender Verfahren.[31] Wiederum kann es sinnvoll sein, diese Rahmensetzung in durch Markt- und Koordinationsversagen gut begründeten Einzelfällen durch gezielte Förderung zu flankieren, dabei aber den genannten Kriterien entsprechend und nicht als verkappte Industrie- oder Regionalpolitik.[32]

---

30 Rodrik, 2004.

31 Dani Rodrik (2014): »Green Industrial Policy«, in: *Oxford Review of Economic Policy*, 30(3), 469–491; SVR, 2019, Ziffern 207 ff.

32 Vgl. Sachverständigenrat zur Begutachtung der gesamtwirtschaftlichen Entwicklung (SVR): »Die Zukunft nicht aufs Spiel setzen«, in *Jahresgutachten 2009/10*. Wiesbaden 2009, Kapitel 6.

4 EIN WAHRHAFT UNTERNEHMERISCHER STAAT

Letztlich wird die aktuelle Diskussion um eine mögliche Renaissance der Industriepolitik unter den falschen Vorzeichen geführt: Denn es sollte dabei nicht um den Gegensatz zwischen einer neuen aktiveren Industriepolitik und einer rein flankierenden passiven Industriepolitik gehen. Vielmehr sollte die Industriepolitik nach der richtigen Balance zwischen einer »horizontal« ausgerichteten Strategie, die unternehmerisches Handeln insgesamt fördert, und Einzelfällen suchen, in denen »vertikale« Maßnahmen gut zu begründen sind. Die für die deutsche Wirtschaftsstruktur geeignete Balance wird dabei weiterhin hohes Gewicht auf die »horizontale« Perspektive legen; dies sollte auch die industriepolitische Zusammenarbeit in Europa beeinflussen.

Die Beweislast für ein gezieltes Eingreifen sollte dabei immer aufseiten der Befürworter des Eingreifens liegen. Es gibt hinreichend viele Beispiele dafür, in denen dies überzeugend gelingen kann. Doch selbst in diesen Fällen lauert für die Industriepolitik die Gefahr, von Einzelinteressen vereinnahmt zu werden. Kluge Industriepolitik wappnet sich dagegen so gut wie möglich. Chancen dürfen nicht ungenutzt verstreichen, aber beim Bemühen, sie zu ergreifen, sollte die Politik Prinzipien der Transparenz, des Wettbewerbs und der Diskriminierungsfreiheit beachten. Ein wahrhaft unternehmerischer Staat[33] gibt nicht einfach freimütig das Geld seiner Bürger aus, sondern übernimmt jeweils die Verantwortung für diese Entscheidung. ●

*Für kritische Kommentare und Anregungen
danke ich Niklas Garnadt und Wolf Heinrich Reuter.*

---

33 Mariana Mazzucato: *The Entrepreneurial State: Debunking Public Vs. Private Sector Myths.* London 2014.

94 PLANET

STARK WIE ?

GERHARD ROTH 95
HIRNFORSCHER, BREMEN

oder **ZUR RESILIENZ VON ORGANISATIONEN**

»Resilienz« bedeutet Widerstandskraft, das heißt die Fähigkeit, Belastungen zu ertragen und wenn möglich zu bewältigen. Seit der Entwicklung des Konzepts der »Salutogenese« durch den israelisch-amerikanischen Medizinsoziologen Aaron Antonovsky in den 90er-Jahren des vorigen Jahrhunderts wird die Frage intensiv diskutiert, welches die Bedingungen für körperliches und psychisches Wohlergehen sind. Antonovsky sah die Grundlage der Salutogenese im Kohärenzgefühl, das unter anderem die Fähigkeit eines Menschen bezeichnet, den Sinn des Lebens zu erfassen und an die eigenen Kräfte zu glauben, als »Selbstwirksamkeit« im Sinne von Albert Bandura zu entwickeln.[1] Allerdings erscheint aus Sicht der Wirksamkeitsforschung das Konzept der Salutogenese begrifflich zu vage und nicht genügend empirisch validiert. Allgemein wird das unabhängig entstandene Kohärenzkonzept von Klaus Grawe als überzeugender empfunden.[2]

In die Richtung des Salutogenesekonzepts von Antonovsky gehen in jüngerer Zeit Konzepte der »Resilienzfaktoren« beziehungsweise »inneren Schutzfaktoren«. Nach dem bekannten Modell der »sieben Säulen der Resilienz«[3] gehören hierzu *Emotionssteuerung, Impulskontrolle, Kausalanalyse, realistischer Optimismus, Selbstwirksamkeitsüberzeugung, Zielorientierung* und *Empathie*. Bei diesen Resilienzkonzepten wird der Einfluss der von Abraham Maslow begründeten und später von Martin Seligman weiterentwickelten »positiven Psychologie« sichtbar. Hierbei geht es um die Annahme, man könne zu Glück und Zufriedenheit gelangen, wenn man auf gezielte Weise Tugenden und Charakterstärken wie Beharrlichkeit, Liebe, Tapferkeit, Fairness, Wertschätzung und

---

1   Vgl. Albert Bandura: *Self-efficacy. The exercise of control.* Freeman, New York 1997; Aaron Antonovsky: *Salutogenese. Zur Entmystifizierung der Gesundheit.* Tübingen 1997.

2   Klaus Grawe: *Neuropsychotherapie.* Göttingen 2004.

3   Vgl. Denis Mourlane: *Resilienz: die unentdeckte Fähigkeit der wirklich Erfolgreichen.* Göttingen 2014.

so weiter entwickle.[4] Es herrscht in der positiven Psychologie die Überzeugung vor, solche Charaktermerkmale könnten ein Leben lang erlernt beziehungsweise trainiert werden.

Obgleich wohl niemand daran zweifelt, dass die genannten Eigenschaften sich auf das Fühlen, Denken und Handeln sowohl im Privat- als auch Berufsleben stabilisierend auswirken können, ist die Stellung der Resilienzfaktoren beziehungsweise der Tugenden innerhalb der Gesamtpersönlichkeit eines Menschen unklar geblieben. Was von diesen Faktoren gehört zur »angeborenen« Basisausstattung (Temperament), was wird vornehmlich frühkindlich entwickelt, und was kann noch später erworben beziehungsweise trainiert werden?

Die psychologisch-neurowissenschaftliche Persönlichkeitsforschung[5] geht gegenwärtig davon aus, dass fünf Faktoren, nämlich Gene, epigenetische Kontrollfaktoren, vorgeburtliche Einflüsse über den Körper und das Gehirn der Mutter, früh-nachgeburtliche Umwelteinflüsse sowie spätere Einflüsse in Kindheit und Jugend teils miteinander, teils nacheinander die Persönlichkeit eines Menschen bestimmen und dabei *einen sich zunehmend verengenden Rahmen* für weitere Entwicklungsschritte bilden. Hierbei spielt das individuelle Ausmaß der psychischen Widerstandsfähigkeit, Resilienz oder Stresstoleranz zusammen mit der Fähigkeit zur Selbstberuhigung, Emotionalität, Bindung und Impulskontrolle eine zentrale Rolle, die sich vergleichsweise sehr früh, das heißt bereits im Vorschulalter, ausbilden[6] und später nur wenig durch äußere Einflüsse verändern lässt. Andere Persönlichkeitsmerk-

---

4 Vgl. Martin Seligman: *Flourish. Wie Menschen aufblühen. Die Positive Psychologie des gelingenden Lebens.* München 2012.

5 Vgl. Franz J. Neyer / Jens B. Asendorpf: *Psychologie der Persönlichkeit.* Springer, Berlin Heidelberg 2018; Gerhard Roth: *Warum es so schwierig ist, sich und andere zu ändern.* Stuttgart 2019.

6 Nicole Strüber: *Die erste Bindung. Wie Eltern die Entwicklung des kindlichen Gehirns prägen.* Stuttgart 2016; Gerhard Roth: *Warum es so schwierig ist, sich und andere zu ändern.* Stuttgart 2019.

male wie Selbstwirksamkeitsüberzeugung, Realitätsbewusstsein, Zielorientierung und Empathie reifen erst später voll aus und sind deshalb auch in höherem Maße veränderbar.

Konkret bedeutet dies, dass die Ausbildung von Resilienz auf unterschiedlichen Stufen der Persönlichkeitsentwicklung stattfindet und keineswegs in allen Aspekten gleich veränderbar ist. Wesentliche Teile der Resilienz müssen bei erwachsenen Menschen bereits lange vorhanden sein, und nur wenig ist davon später »trainierbar«.

Besonders wichtig ist das Ausmaß von Resilienz, wenn es um den Umgang mit Veränderungen geht. Führende Persönlichkeitsforscher haben festgestellt, dass die Einstellung von Menschen gegenüber Veränderungen und die Art ihrer Bewältigung beziehungsweise Nichtbewältigung ein zentrales Persönlichkeitsmerkmal ist. Während die Mehrzahl der Menschen eine gewisse Scheu vor tiefer greifenden Veränderungen hat (dies ist teilweise kulturabhängig), sich aber je nach den Rahmenbedingungen dazu bereitfindet, gibt es an den Rändern einerseits Personen, die eine tiefe Abneigung vor jeglicher Veränderung haben (die change avoiders), und andererseits solche, die Veränderungen als solche lieben (die change seekers[7]). Es gehört daher zu den Kernaufgaben einer Persönlichkeitsdiagnostik bei Einstellung und Beförderung von Personen in Betrieben und Behörden, solche Grundmerkmale zu identifizieren. Aber auch alle Personen, die im öffentlichen Leben tätig sind, tun sehr gut daran, diese höchst individuelle Haltung der Menschen gegenüber Veränderungen zu berücksichtigen.

---

7 Vgl. Manfred Amelang / Dieter Bartussek: *Differentielle Psychologie und Persönlichkeitsforschung.* Kohlhammer Verlag. Berlin, Köln 1997, 4. Aufl.

ZUR RESILIENZ VON ORGANISATIONEN

Lassen sich solche Erkenntnisse der Resilienzforschung auch auf Organisationen übertragen? Ob und in welchem Maße Organisationen Eigenschaften besitzen, die mit denen von Individuen vergleichbar sind, ist in den Sozial- und Wirtschaftswissenschaften und der Sozialpsychologie eine umstrittene Frage. Viele Wirtschafts- und Sozialwissenschaftler unterscheiden traditionell zwischen Eigenschaften von Menschen und solchen von Organisationen, andere sehen durchaus Gemeinsamkeiten, wenngleich auf abstrakter »systemtheoretischer« Ebene, wenn man etwa an die Übernahme von biologisch-systemtheoretischen Konzepten von Humberto Maturana, Francisco Varela, Heinz von Foerster durch den Sozialwissenschafter Niklas Luhmann und seiner Schüler denkt.[8]

Ein anderer Weg, Resilienz von Institutionen und Unternehmen zu betrachten, knüpft an die Tatsache an, dass Institutionen von Menschen getragen werden, die dort im Rahmen ihrer Persönlichkeit handeln. Dabei wird zugestanden, dass Menschen oft kontextabhängig handeln, das heißt im beruflichen Bereich in Unternehmen und Institutionen durchaus teilweise »anders« denken, fühlen und handeln können als im privaten und familiären Bereich. Die Bandbreite solcher Kontextabhängigkeiten kann von Person zu Person sehr verschieden sein: Eine Person verhält sich im beruflichen Bereich genauso normal oder »merkwürdig« wie im privaten Bereich, bei anderen Personen können große Unterschiede auftreten. Auch dieses Faktum ist dann Teil der Persönlichkeit eines Menschen.[9]

---

[8] Vgl. Dirk Baecker: *Organisation als System*. Suhrkamp, Frankfurt am Main 1999; Niklas Luhmann: *Soziale Systeme. Grundriß einer allgemeinen Theorie*. Frankfurt am Main 1984.

[9] Vgl. Walter Mischel: »From Personality and Assessment (1968) to Personality Science«. In: *Journal of Research in Personality* 43, S. 282–290. Amsterdam 2009.

Der im Folgenden vertretene Ansatz geht davon aus, dass wichtige Merkmale einer resilienten Unternehmenskultur wie eine inspirierende Vision, eine kreative Strategie, eine anpassungsfähige Organisationsform, ein effektives Mitarbeiter-Recruiting und ein unterstützendes und motivierendes soziales Netzwerk nur verwirklicht werden können, wenn die Persönlichkeit der Mitarbeiter und Führungskräfte mit ihren Bedürfnissen und Fähigkeiten, aber auch ihren Grenzen einen zentralen Stellenwert einnimmt. ==Es erscheint in jedem Fall legitim, eine Verbindung zwischen Eigenschaften von Organisationen und den dort tätigen Menschen zu ziehen – so komplex sie auch sein mag.== Zweifellos besitzen Unternehmen und Institutionen mehr oder weniger rein organisatorische Merkmale wie die Aufteilung in bestimmte Organisationsbereiche, Hierarchiestrukturen und so weiter, aber es ist für den Erfolg dieser Organisationen letztlich entscheidend, unter welchen Bedingungen Führungskräfte und Mitarbeiter und mit welchen Folgen für deren körperliche und psychische Gesundheit tätig sind.

DIE AUSGANGSLAGE

Im Zusammenhang mit Globalisierung, Digitalisierung, forcierter Einführung künstlicher Intelligenz sowie im Rahmen von Konzepten wie »agile working« werden in allen hochindustrialisierten Ländern der Welt neue Bedingungen des Arbeitens propagiert, zum Beispiel eine Kultur permanenter Veränderung, ein mobiler Arbeitsplatz, mehr Eigenverantwortlichkeit, mehr Teamarbeit, ständige Verfügbarkeit, flache Hierarchien und so weiter. Es stellt sich also die Frage: Steht den Organisationen genügend »Resilienz« zur Verfügung, um die anstehenden Veränderungen zu meistern? Das wird von vielen Experten überwiegend skeptisch gesehen. Nach neuesten Erhebungen scheitern in der Wirtschaft rund 60 bis 70 Prozent aller Change-Projekte. Es bleibt unklar, in welcher Weise die genannten Herausforderungen mit der Persönlichkeit der betroffenen Personen (Führungskräfte wie Mitarbeiter) und mit ihrer Veränderungsbereitschaft und -fähigkeit vereinbar sind. Dies aber ist das wichtigste Kriterium für das Meistern tiefgreifender Veränderungen.

Nach der Gallup-Studie 2018[10] liegt hierbei in deutschen Unternehmen vieles im Argen – von staatlichen Behörden ganz abgesehen. Diese Studie, die für alle hochindustrialisierten Länder Gültigkeit hat, beschäftigte sich mit einem zentralen Punkt der Arbeitswelt, nämlich dem Verhältnis von Führungskräften und Arbeitnehmern, und kam zu einem denkbar schlechten Ergebnis: Nur jeder fünfte Arbeitnehmer sagte aus, die Führung, die er im Beruf erlebe, motiviere ihn, hervorragende Arbeit zu leisten. Dies bedeutet: Die Menschen werden schlecht geführt. Im Anschluss an die genannte Gallup-Studie war denn auch der Sündenbock für die tatsächlich schlechte Arbeitsmoral in vielen deutschen Betrieben sofort ausgemacht, nämlich die inkompetente Führungskraft.

Dies bedeutet, dass viele Veränderungen in Unternehmen und anderen Einrichtungen an einem mangelhaften Verhältnis zwischen Führungskräften und Mitarbeitern zu scheitern scheinen, und dafür kann es die verschiedensten Gründe geben. Meist heißt es vonseiten der Mitarbeiter, die Führungskraft lasse ihnen keine ausreichende Unterstützung zukommen. Nur die Hälfte führte mit ihnen ein längeres Mitarbeitergespräch und dies auch nur einmal im Jahr. Sie würden entweder vorwiegend Veränderungen anordnen, anstatt vorzubereiten oder zu überzeugen, oder sie wälzten die Durchführung der Veränderungen und die Verantwortung dafür auf die Mitarbeiter ab. Oft zeigten sie sich mit den Inhalten der Veränderungen unvertraut (etwa im IT-Bereich) und wirkten überhaupt nicht glaubhaft.

---

10 Gallup GmbH: Gallup Engagement Index. 2018, https://www.gallup.de/183104/engagement-index-deutschland.aspx

Was macht aber den einzelnen Menschen, der in Unternehmen und Behörden arbeitet, resilient? Die einschlägige Forschung zeigt, dass hierfür das *Ausmaß der Zufriedenheit mit seiner beruflichen Tätigkeit* entscheidend ist.[11] Diese berufliche Zufriedenheit ist wiederum mit dem Ausmaß der intrinsischen Belohnung verbunden. Sie besteht vor allem in der *Passung zwischen Persönlichkeit und Position*, das heißt dem Gefühl, mit seiner Persönlichkeit und seinen Fähigkeiten am richtigen Platz zu sein. Eine Nichtpassung zwischen Persönlichkeit und Position kann hingegen zu chronischer Unzufriedenheit, zum Gefühl der Inkompetenz, zu Burn-out und schließlich zum Abgleiten in Depression führen. Die gegenwärtigen Zahlen hierzu sind alarmierend.

Dies zeigt an: Viele staatliche und nichtstaatliche Organisationen und Betriebe in unserem Land und weltweit fördern nicht genügend die intrinsische Motivation der Beschäftigten – und zwar unabhängig davon, ob sie Führungskräfte oder Mitarbeiter sind. Zwar ist *Motivation* in aller Munde, aber hierbei wird vieles falsch gesehen und gemacht. Psychologisch gesehen ergibt sich eine Motivation aus der unbewussten oder bewussten Erwartung des Erreichens eines positiven Zustandes, was als Belohnung empfunden wird, beziehungsweise dem Vermeiden oder Beenden eines negativen Zustandes (Schmerz, Strafe). Da Bestrafung ebenso wie Bestrafungsandrohung im heutigen Berufsleben in aller Regel keine Rolle mehr spielt (außer in Form der Zurücksetzung, Nichtbeachtung oder der Androhung der Versetzung und des »Rausschmisses«), geht es also um Belohnung. Richtiges Belohnen ist aber, wie wir sehen werden, eine komplizierte Sache.

---

11 Vgl. Holger Bonin / Martina Heßler: *Aufbruch oder Abbruch? Trends und Perspektiven der Arbeitsgesellschaft.* Roman Herzog Institut, München 2019.

WIE MOTIVIERE ICH RICHTIG?

Belohnungen als Grundlage von Motivation könnten materieller, sozialer und intrinsischer Art sein. Die Wirtschaft setzt nach wie vor vornehmlich auf *materielle Belohnungen* in Form von Lohn beziehungsweise Gehalt. Viele Menschen halten indes eine solche kontinuierliche finanzielle Belohnung über längere Zeit nicht für angemessen, und es entsteht früher oder später der Wunsch nach Steigerung der materiellen Belohnung in Form einer Gehaltserhöhung, der Zahlung von Boni, dem Gewähren von Privilegien. So etwas kann kurzfristig hochwirksam sein, aber meist tritt eine schnelle Senkung der Motivationskraft auf. Die Gehaltserhöhung, insbesondere wenn überraschend oder lang ersehnt, erregt beim ersten Mal Freude, beim zweiten Mal Beruhigung, und beim dritten Mal wird sie kaum mehr wahrgenommen – sie ist »eingepreist«! Diese *Diskontierung* des materiellen Belohnungswertes geht oft sehr schnell, entweder negativ exponentiell (der Belohnungswert verringert sich jedes Mal um die Hälfte) oder sogar negativ hyperbolisch (schon nach einer Wiederholung ist die Freude vorbei!).

Auch stellt sich ein scheinbar irrationaler Enttäuschungseffekt bei Eintritt einer Belohnung in *erwarteter* Höhe ein, denn unser Gehirn rechnet quasi automatisch, dass es mit der materiellen Belohnung ständig aufwärtsgeht. Deshalb wird die materielle Belohnung meist weiter gesteigert (etwa in Form von sich erhöhenden Bonuszahlungen), um den Diskontierungseffekt auszugleichen, bis ein Deckeneffekt eintritt und noch höhere Belohnungen keinen weiteren positiven Effekt mehr haben, wenn sich das Unternehmen hierdurch nicht bereits ruiniert hat. Es kann sich also eine ungehemmte Geldgier entwickeln, die nach sehr einfachen Prinzipien der Ausbildung von Drogensucht abläuft. Die Banken- und Wirtschaftskrisen der vergangenen Jahre liefern hierfür ein gutes Anschauungsmaterial.

Materielle Extrabelohnungen haben zudem einen starken *negativen* Effekt, wenn sie wieder rückgängig gemacht werden, zum Beispiel mit der Begründung, dass sie ja eigentlich »Sondervergütungen« waren: Verlust wird im Allgemeinen doppelt so stark empfunden wie Gewinn.[12] Das zeigt sich schon in der Kindheit. Wenn einem Kind ein Spielzeug, das lange unbeachtet in der Ecke lag, plötzlich weggenommen wird, dann erlangt dieses Spielzeug unglaublichen Wert – solange man darum kämpfen muss.

Da diese Problematik der materiellen Belohnung inzwischen sattsam bekannt ist, wendet man sich in vielen Unternehmen vermehrt der *sozialen Belohnung* zu in Form von Lob, Anerkennung durch Vorgesetzte, Kollegen und Mitarbeiter, Auszeichnungen und soziale Privilegien. Allerdings lassen auch solche Maßnahmen in ihrer Wirkung stetig nach, wenngleich langsamer. Je häufiger belobigt und ausgezeichnet wird, insbesondere nach demselben Ritual, desto schneller verlieren diese Maßnahmen ihre Wirkung. Ein Schüler, der immer Bestnoten schreibt, wird kaum mehr auf das Lob seines Lehrers erfreut reagieren, sondern eher fürchten, dass der Neid der Mitschüler wächst. Aber genauso wie bei der materiellen Belohnung kann das unerwartete Ausbleiben einer sozialen Belohnung sehr negative Folgen haben (»Warum werde ich jetzt plötzlich nicht mehr gelobt? Was habe ich falsch gemacht?«). Entsprechend kann es auch hier zu einer Belobigungssucht mit den entsprechenden Entzugserscheinungen kommen.

Die einzige Belohnung, die nicht in Sättigung geht, ist die *intrinsische Belohnung*. Sie besteht unter anderem in (1) der Freude am Gelingen, (2) der Selbstbestätigung, (3) dem Gefühl der Verwirklichung eigener Fähigkeiten und Wünsche (Selbstwirksamkeit), (4) dem Ge-

---

12 Daniel Kahneman: *Schnelles Denken, langsames Denken*. München 2012.

DIE EINZIGE BELOHNUNG, DIE NICHT IN SÄTTIGUNG GEHT, IST DIE **INTRINSISCHE BELOHNUNG**

fühl, besser zu sein als andere, und (5) der Überzeugung, an einer wichtigen Sache mitzuarbeiten. Zur intrinsischen Belohnung werden auch das Streben nach Kompetenz, Dazugehören und Selbstbestimmung/Autonomie gezählt.

==Bei Mitarbeitern den Zustand intrinsischer Belohnung herbeizuführen ist also ein wichtiges Ziel der Personalführung und bildet die Grundlage für die Resilienz von Unternehmen.== Wenn ein Unternehmen in Schwierigkeiten gerät und von den dort tätigen Personen besondere Anstrengungen, größere Veränderungen, ja zuweilen auch finanzieller Verzicht verlangt werden, dann werden diejenigen Personen, deren Motivation einzig oder überwiegend auf finanzieller Belohnung beruht, als Erste in ihrer Energie erlahmen oder wenn möglich kündigen. In schwierigen Zeiten wird es auch schwieriger, ausreichend soziale Belohnungen zu verabreichen. Lediglich die intrinsische Motivation, das heißt das Gefühl, dass es dem Betroffenen selbst psychisch-geistig etwas ausmacht, wenn es seiner Institution nicht gut geht, mit der er sich identifiziert, wird Bewältigungskräfte mobilisieren.

WIE LÄSST SICH DIE PASSUNG VON PERSÖNLICHKEIT UND POSITION HERSTELLEN?

Eine Passung von Persönlichkeit und Position beziehungsweise Tätigkeit muss sorgfältig hergestellt werden und gewährleistet sein. Dies wird im Bereich der Führungskräfte oft nicht beachtet. Wenn eine Person für eine bestimmte Führungsaufgabe »ins Auge gefasst wird«, so stehen meist rein organisatorische Aspekte im Vordergrund (»Wir brauchen jetzt dringend jemanden für …«), zuweilen auch solche der fachlichen Eignung. Die Frage, ob jemand von seiner/ihrer Persönlichkeit her zu der anstehenden Tätigkeit geeignet ist, wird nicht genügend beachtet, und dies äußert sich in der allseits bekannten Fluktuation von Personen auf der Führungsebene (oft mit einer Verweildauer unter zwei Jahren). Stattdessen muss es das Ziel sein, die spezifischen *bewussten Ziele* und *unbewussten Motive* der Personen zu erkennen und zu berücksichtigen. Wonach strebt der Bewerber oder die zur Beförderung vorgesehene Person tatsächlich – gleichgültig, was er im Interview erzählt –, wie wird er sich in seinen Aufgaben so verwirklichen, dass sie intrinsisch motiviert ist?

Hierzu sind ganz neue Formen der Auswahl und der Führung von Personal nötig. Die bisherigen Auswahlverfahren wie etwa das Assessmentcenter, deren Aufgaben meist nichts mit der Berufsrealität zu tun haben und leicht zu unterlaufen sind, und die gängigen persönlichkeitsdiagnostischen Verfahren wie der »Big-Five-Test«, die durchweg auf Selbstauskunft beruhen, erweisen sich als nur bedingt brauchbar. Inzwischen ist in jedem persönlichkeitspsychologischen Lehrbuch nachzulesen,[13] dass Selbstauskunft (ob nun per Ankreuzen am Bildschirm oder per Beantwortung von Fragen) ein unzuverlässiges Auskunftsmittel über die Persönlichkeit und Eignung einer Person ist.[14] Auch das beliebte 360-Grad-Interview-Verfahren schneidet in Evaluationen meist schlecht ab, weil die Addition oberflächlicher Beurteilungen keine Steigerung der Gültigkeit erbringt. Übrig bleibt eine Beurteilung durch unabhängige Experten, die in der Lage sind, die unterschiedlichen sprachlichen und nichtsprachlichen Äußerungsformen der Persönlichkeit eines Menschen zu erfassen. Das Grundproblem dabei ist, dass Menschen ihre eigenen Motive selbst nicht gut kennen und dazu neigen, dasjenige zu sagen, von dem sie meinen, es

---

13 David Myers: *Neuropsychologie*. Springer. Berlin, Heidelberg 2014.

14 Franz J. Neyer / Jens B. Asendorpf: *Psychologie der Persönlichkeit*. Berlin, Heidelberg 2018.

sei erwünscht. Details hierzu sind anderen Orts genauer beschrieben.[15]

Schließlich ist eine sorgfältige Vorbereitung von Führungskräften auf ihre Führungsaufgaben nötig, die sich meist von der bisherigen Arbeit deutlich unterscheiden. Mitarbeiter zu führen, das heißt, sie zu respektieren, individuell zu fördern, zu motivieren und auch gelegentlich zu kritisieren, ist eine höchst anspruchsvolle Aufgabe, auf welche die meisten für Führungsaufgaben vorgesehenen Personen nicht hinreichend trainiert werden. Ebenso gehört es zur Schaffung und zum Aufrechterhalten von Resilienz einer Organisation, dass die laufende Tätigkeit von Führungskräften in regelmäßigen Abständen durch Experten auf das weitere Vorhandensein intrinsischer Motivation überprüft wird.

All dies erfordert eine viel sorgfältigere Personalführungsarbeit in Organisationen als bisher üblich, um die anstehenden Veränderungen und Belastungen meistern zu können.

WIE SOLLTEN VERÄNDERUNGSMASSNAHMEN DURCHGEFÜHRT WERDEN?

Wie eingangs konstatiert, stellen die in praktisch allen Industriegesellschaften geforderten Veränderungsmaßnahmen die wichtigste Nagelprobe für die Resilienz von Organisationen dar, die ihrerseits auf der Resilienz der beteiligten Personen aufruht. Wie aber ein erfolgreiches Change-Management aussehen sollte, darüber gibt es bisher keine Einmütigkeit. Die heute gängigen Konzepte eines Change-Managements, zum Beispiel das 3-Phasen-Modell nach Lewin und Schein, das 4R-Modell von Gouillart und Kelly und insbesondere das 8-Stufen-Modell

---

15 Gerhard Roth: *Warum es so schwierig ist, sich und andere zu ändern*. Stuttgart 2019.

nach Kotter,[16] vertreten ein relativ lineares Konzept der Veränderung, das zudem in aller Regel *von oben* geplant, vorbereitet und gelenkt wird. Betrachtet man hingegen die Gründe für das Scheitern von Change-Management-Maßnahmen, so stellt man fest, dass hierbei die Frage, ob die betroffenen Personen, das heißt Führungskräfte und Mitarbeiter, mit ihren Persönlichkeiten und den damit verbundenen Zielen und Motiven überhaupt geeignet sind, in der Regel gar nicht gestellt wird. Festzustellen ist aber Folgendes: (1) ==Es gibt keine hinreichende organisatorische, kognitive und emotionale Vorbereitung der Betroffenen auf die Veränderungen==; diese werden oft nur kurzfristig angekündigt; (2) es wird keine klare Darstellung der Notwendigkeit der Veränderungen geliefert; (3) es gibt keine klare Darstellung des Ablaufs der Veränderungen; (4) die Leitungsspitze liefert keine überzeugende Erläuterung der Vorteile der Veränderungen für das Unternehmen und ebenso für die Betroffenen; und (5) es erfolgt keine hinreichende Begleitung des Veränderungsprozesses. All das mündet in aller Regel in ein langes und tiefes »Tal der Tränen«.

Hingegen muss beim Change-Management zu Beginn immer überprüft werden, ob die Veränderungsziele und -abläufe verständlich formuliert und klar begründet sind. Eine Veränderungsinformation gehört zu haben heißt keineswegs, sie auch in ihrem Begründungszusammenhang verstanden zu haben. Wichtig ist es, festzustellen, welche *Veränderungsängste* bei den Betroffenen eventuell vorliegen und wodurch sie behoben werden können. Diese Ängste können unter anderem die Sicherheit des Arbeitsplatzes, die Vergütung der Arbeit, die Ausrichtung der Tätigkeit betreffen oder ganz generell die weit verbreitete Abneigung gegen Veränderungen.

---

16 John P. Kotter: *Leading Change*. München 2018.

Wichtig ist weiterhin, ob diejenigen, welche die Veränderungen verlangen oder propagieren, hinreichend *kompetent* und *glaubwürdig* sind und sich selbst genügend für die Veränderungen einsetzen. Gerade diese Glaubwürdigkeit hat in den vergangenen Jahren stark gelitten, und viele Betroffene haben den Eindruck gewonnen, dass es den Top-Managern oder Stakeholdern nur um Gewinnmaximierung und den Spitzenpolitikern um Machterhalt und Wiederwahl geht.

Vor allem aber geht es darum darzustellen, welchen *Sinn* die anstehenden Veränderungen für die betroffenen Personen haben, also eine Antwort auf die Frage »Was bedeutet das für mich? Was habe ich davon?«. Selbstverständlich ist die primäre Erwartung, dass die Veränderungen eine individuelle Verbesserung mit sich bringen. Wenn zudem vermehrte Anstrengungen oder gar Lohn- und Gehaltsverzicht vorübergehend notwendig sind, ist die Vermittlung der Sinnhaftigkeit der Maßnahmen für jeden Einzelnen besonders wichtig. Es muss jedem Betroffenen klar sein, was von ihm gefordert wird, dass er darauf vorbereitet und dann dabei unterstützt wird und was ihm dies letztendlich bringt.

DIES BEDEUTET FÜR DAS CHANGE-MANAGEMENT:

1. Transparenz schaffen: Dies stellt sicher, dass die Veränderungen in allen Bereichen Einzug halten und dass bestimmte Informationen offengelegt werden, die ein Bewusstsein für die Notwendigkeit der Veränderungen fördern.
2. Vorteile benennen, für den Change motivieren: Damit die Mitarbeiter den Veränderungsprozess für sich selbst akzeptieren, sollte ihnen vonseiten der Führungskraft klar aufgezeigt werden, *welche Vorteile die Veränderung für die betreffende Person aufweist*. Kann der Mitarbeiter aus der veränderten Situation etwas Positives für

seine eigenen Interessen herausziehen, so wird sein Bewusstsein für den Veränderungsprozess gestärkt.
3. Eine Change-Story entwickeln: Ein wichtiges Instrument für eine Führungskraft stellt die »Change-Story« dar. Mit ihr soll der anstehende Veränderungsprozess gestützt werden, indem die *Sinnhaftigkeit* und *Nützlichkeit* der Veränderung auf emotionale Weise an die Mitarbeiter herangetragen wird. Die Change-Story wird allen Mitarbeitern des Unternehmens offengelegt. Eine Change-Story kann hierbei auch verschiedene Varianten annehmen, da für die einzelnen Mitarbeiter unterschiedliche Informationen relevant sein können.

Die Change-Story sollte folgende Elemente enthalten: (1) das Betrachten der Ausgangssituation, (2) die Gründe für die Veränderung, (3) eine genaue Definition der Notwendigkeit der Veränderung, (4) eine Erläuterung des Mehrwertes der Veränderung. Ebenso sollte kommuniziert werden, wer vom Change letztlich betroffen ist, wer ihn anstößt und die Verantwortung dafür trägt, was verändert wird und was bestehen bleibt, wohin letztlich die Reise geht.[17]

ZUSAMMENFASSUNG: WIE SIEHT EINE RESILIENTE UNTERNEHMENSKULTUR AUS?

Resilienz von Organisationen wurde zu Beginn als die Fähigkeit definiert, Belastungen und auch tiefgreifende Veränderungen zu bewältigen. Dazu sind folgende Schritte nötig:

Die Entwicklung eines inspirierenden Unternehmenszieles, also einer Vision, mit der sich Führungskräfte und Mitarbeiter identifizieren

---

[17] Gerhard Roth: *Warum es so schwierig ist, sich und andere zu ändern.* Stuttgart 2019.

können. Diese Vision sollte nicht nur die geschäftlichen und inhaltlichen Ziele der Tätigkeit des Unternehmens, sondern gleichwertig auch das Ziel beinhalten, unternehmerische Innovation mit gesellschaftlicher Verpflichtung und der zentralen Rolle des Menschen im Unternehmen zu verbinden.

Die Stärkung der sozialen und intrinsischen Motivation, besonders hinsichtlich der Arbeitszufriedenheit und der Erwartung, sich bei der eigenen Arbeit verwirklichen zu können. Dies setzt eine Berücksichtigung der personalen Motive der im Unternehmen tätigen Personen bei der Aufgabenverteilung und den Arbeitsabläufen voraus.

Eine effektive Personalauswahl und -führung mit dem Ziel einer optimalen Passung zwischen Persönlichkeit und Position. Dabei dürfen neben den Unterlagen zur fachlichen Qualifikation nicht nur die üblichen Lippenbekenntnisse der Bewerberinnen und Bewerber oder die Interessen der zukünftigen Vorgesetzten berücksichtigt werden, sondern es muss auf professionelle Weise versucht werden, aufgrund paraverbaler und nonverbaler Kommunikationen der Bewerberinnen und Bewerber deren eigentlichen Motive und Ziele zu identifizieren.

Eine sorgfältige Vorbereitung zukünftiger Führungskräfte auf ihre Führungsaufgaben jenseits ihrer fachlichen Kompetenz. Dies darf nicht bei Schulungskursen zur Steigerung der eigenen Wirkung, zur Gesprächsführung, Organisation von Team- und Abteilungstreffen, Konfliktmanagement, Planung der weiteren Karriere, Steigerung der eigenen Performanz und so weiter stehen bleiben, sondern muss den zukünftigen Führungskräften Grundkenntnisse in der Persönlichkeitsentwicklung und -diagnostik, der Menschenführung und der Vorbildfunktion des Vorgesetzten vermitteln.

Ein verantwortungsvoller Umgang mit Veränderungen, der eine maximale Transparenz, eine hinreichende Vorbereitung auf die Veränderungen, eine Darstellung ihrer Zweckmäßigkeit und Sinnhaftigkeit und das Eingehen auf Veränderungsängste der Betroffenen umfasst. Er betrifft zentral eine ehrliche und nachvollziehbare Aufklärung über die Vorteile, aber auch mögliche Nachteile der anstehenden Veränderung für jeden einzelnen Angehörigen des Unternehmens.

Ein Unternehmen ist nur dann resilient, wenn die darin tätigen Personen resilient sind. •

114 **PLANET**

ARBEITEN WIE?

MARTINA HESSLER 115
HISTORIKERIN, DARMSTADT

oder **ZUR INTERAKTION VON MENSCH UND MASCHINE**

Der Ethnologe Georg Elwert berichtete im Jahr 2000 von einer Reise in das Ayizo-Dorf Ayou in Westafrika, in dem er bereits 20 Jahre zuvor ethnologische Studien unternommen hatte. Seine Bekannten dort fragten ihn nach seiner Arbeit und waren äußerst erstaunt zu hören, dass er noch immer im selben Beruf tätig war. Sie wiesen ihn besorgt darauf hin, dass es doch vielleicht an der Zeit sei, etwas anderes zu beginnen, schließlich habe jede Arbeit ihr Alter. Sie wunderten sich über die Organisation von Arbeit im »Land der Weißen«.

Wie Elwert betonte, wirft der Kontrast der Ordnung von Arbeit in diesem afrikanischen Land einerseits und Europa andererseits Fragen auf, beispielsweise »ob ein einziger Beruf ein Leben ausmachen muss, ob die Alternative zur Lohnarbeit Arbeitslosigkeit« bedeutet.[1] In der Tat evoziert das Beispiel Fragen. Es stellt scheinbare Selbstverständlichkeiten auf den Prüfstand, indem es verdeutlicht, dass der Wert und die Organisation von Arbeit historisch und kulturell wandelbar sind.

Die Arbeitsgesellschaft der westlichen Welt erweist sich allerdings in ihren Grundsätzen als stabil, trotz vielfältiger Wandlungsprozesse und obgleich sie immer wieder herausgefordert wurde, nicht zuletzt durch technologische Entwicklungen. Gerade heute im Kontext der digitalen Transformation der Arbeitswelt scheinen viele Selbstverständlichkeiten infrage zu stehen. Enorme Veränderungen, so die derzeitigen Prognosen, seien zu erwarten.

Im Folgenden sollen zwei zentrale Herausforderungen der Gegenwart aus einem historischen Blickwinkel eingeordnet und diskutiert werden. Sie provozieren tradierte Konzepte vom Wert der Arbeit und der Bewertung menschlicher und maschineller Tätigkeiten:

Erstens geht es um die historisch schon häufig gestellte Frage, welchen Wert und welche Bedeutung Erwerbsarbeit in der Gesellschaft

---

1 Georg Elwert: »Jede Arbeit hat ihr Alter. Arbeit in einer afrikanischen Gesellschaft«, S. 175, in: Jürgen Kocka / Klaus Offe (Hrsg.): *Geschichte und Zukunft der Arbeit*. Frankfurt am Main 2000, S. 175–193.

haben sollte, mithin inwieweit die westliche Arbeitsgesellschaft ein Zukunftsmodell darstellt. Aus kulturhistorischer Perspektive werden Denkbarrieren deutlich, die die Diskussion auch in derzeitigen Transformationsprozessen prägen und damit auch den Horizont des Möglichen begrenzen.

Zweitens dürfen Diskussionen über Gegenwart und Zukunft nicht auf die ängstliche Frage der Ersetzung von Menschen und des Verlusts von Arbeit beschränkt werden. Denn die Digitalisierung bedeutet vor allem auch *innerhalb* der (Erwerbs-)Arbeitswelt eine gewaltige Herausforderung, da sich eine neue Arbeits- und Aufgabenteilung zwischen Menschen und Maschinen abzeichnet. Auch dies soll historisch eingeordnet werden, um aktuelle und zukünftige Herausforderungen erkennen und diskutieren zu können. Wenn heute aufgeregt über die Zukunft der Arbeit diskutiert wird, so ist stets von Erwerbsarbeit die Rede. Diese Selbstverständlichkeit, die gleichsam natürlich wirkt, ist jedoch das Produkt einer historischen Entwicklung:

In der Antike waren körperliche Arbeit und die sogenannte unfreie Arbeit, die zur Sicherung der Existenz diente, gering geschätzt. Nur Sklaven verrichteten sie. In der jüdisch-christlichen Tradition galt Arbeit als Fluch und Strafe, aber auch als göttlicher Auftrag. Harte Arbeit war Buße für menschliche Sünden. Bereits in der Reformationszeit wandelte sich diese negative Bewertung. Arbeit galt nun als sittliche Pflichterfüllung, als Veredelung der Menschen, als Berufung.[2]

Erst im 18. Jahrhundert entstand aber überhaupt das Konzept einer Arbeitsgesellschaft. Mit der klassischen Nationalökonomie im 18. Jahrhundert etablierte sich der moderne Arbeitsbegriff, der Erwerbsarbeit in den Mittelpunkt menschlicher Existenz rückte. In den Schriften

---

[2] Peter Hübner: »Arbeitergeschichte, Version: 1.0«, in: *Docupedia-Zeitgeschichte*, 11.2.2010, http://docupedia.de/zg/huebner_arbeitergeschichte_v1_de_2010

der Aufklärer und Nationalökonomen erfuhr Arbeit als Kern menschlicher Selbstverwirklichung eine »emphatische Aufwertung«.[3] Arbeit wurde nicht nur die Basis der Existenzsicherung, sondern auch zentral für gesellschaftliche Teilhabe, für Identität und gesellschaftliche Anerkennung. Erwerbsarbeit wurde zum Fundament moderner Gesellschaften und ist damit von hohem Wert für Individuen und Gesellschaften.

DASS MASCHINEN UNSERE ARBEIT ÜBERNEHMEN, STELLT FÜR VIELE EINE IMMENSE BEDROHUNG DAR

Im 19. Jahrhundert betonten Karl Marx und Friedrich Engels, dass sich der Mensch durch Arbeit vom Tier unterscheide. Arbeit, das ist wichtig hervorzuheben, wurde damit als grundsätzlich *menschliche* Tätigkeit definiert. Menschen arbeiten, Tiere nicht. Das Bild des *Homo laborans*, der sich mit Arbeit verwirkliche, entstand. Parallel zur Aufwertung der Arbeit als substanzieller Teil des Menschseins war ein Diskurs entstanden, der Müßiggang verurteilte. Wie der Historiker Anson Rabinbach formulierte, wurde die »noble Figur der Arbeit im frühmodernen Europa stets durch die subversive Figur des Müßiggangs bedroht«.[4] Während des 18. Jahrhunderts habe es, so wiederum der britische Historiker Edward P. Thompson,[5] »einen nie endenden Klagechor von allen Kirchen und den meisten Arbeitgebern hinsichtlich von Müßiggang, Lasterhaftigkeit, Leichtsinn und Verschwendung der Arbeit gegeben«. Faulheit, Kränklichkeit und Lasterhaftigkeit wurden nun synonym gesetzt, Nichtstun und Müßiggang bekämpft und gering geschätzt. Arbeit galt zum einen als ein Mittel, um Lasterhaftig-

---

3 Jürgen Kocka: »Thesen zur Geschichte und Zukunft der Arbeit«, in: *Aus Politik und Zeitgeschichte*. Frankfurt am Main 2001, Nr. 21, S. 8–13, hier S. 8.

4 Anson Rabinbach: *Motor Mensch. Kraft, Ermüdung und die Ursprünge der Moderne.* Wien 2001, S. 37.

5 Edward P. Thompson: *The Making of the Working Class.* New York 1963, S. 357.

keit zu unterbinden; zum anderen wurde sie zur Bedingung einer legitimen Existenz. Auch im 20. Jahrhundert wurde Müßiggang mit deviantem Verhalten verbunden. Beispielsweise wurden Arbeitsscheu und Müßiggang nach deutschem Strafgesetz noch bis 1969 mit Haft oder Geldstrafe geahndet.[6]

Auch wenn sich die Arbeitsgesellschaft vor allem seit dem letzten Drittel des 20. Jahrhunderts wandelte bis hin zu heutigen Diskussionen um eine ausgeglichene Work-Life-Balance und die Bedeutung von Familie und freier Zeit, so hat sich grundsätzlich an der Zentralität von Arbeit nichts verändert. Wie Kocka/Offe betonen, gelten »alternative Quellen von Subsistenzmitteln (wie ererbter Reichtum oder Lotteriegewinn einerseits, Unterhalts und Sozialhilfebezug andererseits) […] als das Resultat von Glücks- und Unglücksfällen und sind nicht das Ergebnis einer methodisch geplanten Lebensführung. Die (erwachsenen) Angehörigen moderner Gesellschaften ›sollen‹ und ›wollen‹ auch arbeiten«.[7]

Vor diesem Hintergrund stellt die Möglichkeit, dass Maschinen die Arbeit übernehmen und Menschen in der Arbeitswelt zunehmend überflüssig machen könnten, eine immense Bedrohung für den Einzelnen und für die Gesellschaft dar. Entsprechend waren die seit den 1950er-Jahren infolge von Computerisierung und Automatisierung immer wiederkehrenden Ängste vom Ende der Arbeitsgesellschaft stets mit besorgten Diskussionen darüber verbunden, was die Menschen denn mit freier Zeit anzufangen wüssten. Die »Gefahr« des Müßiggangs prägt immer wieder die Debatte:

Ein Gewerkschafter formulierte in den 1950er-Jahren: »Wir haben noch keine geschichtliche Erfahrung, die uns einen tragfähigen An-

---

6 Yvonne Robel: »Nichtstun nach 1945«, in: *Zeitgeschichte in Hamburg, Nachrichten aus der Forschungsstelle für Zeitgeschichte in Hamburg (FZH)*, Hamburg 2016, S. 88–104, hier 94.

7 Jürgen Kocka / Klaus Offe: *Geschichte und Zukunft der Arbeit*. Frankfurt am Main 2000, S. 10.

satz bieten könnte, die Frage einer wirklichen Muße der Masse in der rechten Weise anzugehen. Es bedarf daher hoher Wachsamkeit und einer neuen Sinnerfüllung des Menschen«.[8]

Die Philosophin Hannah Arendt bemerkte 1958: »Was uns bevorsteht, ist die Aussicht auf eine Arbeitsgesellschaft, der die Arbeit ausgegangen ist, als die einzige Tätigkeit, auf die sie sich noch versteht. Was könnte verhängnisvoller sein?«.[9] Und 1980 konstatierte Ralf Dahrendorf in einem Aufsatz zum Verschwinden der Arbeitsgesellschaft, dass einerseits das Schrumpfen der Arbeit die »Ligaturen«, also die Bindungen, innerhalb der Gesellschaft gefährden würde, andererseits der Sinn des menschlichen Lebens verloren gehe.[10]

Auch heute werden im Kontext der Digitalisierung besorgte Szenarien des Verschwindens der Arbeit gezeichnet. Titelseiten des Magazins *Der Spiegel* zeigen bereits in den 1950er- und 1970er-/1980er-Jahren Menschen im erbarmungslosen Griff von Robotern oder Computern. Insbesondere die Studie von Carl B. Frey und Michael A. Osborne löste in jüngster Zeit diese Ängste aus und führte zu einer intensiven gesellschaftlichen Debatte.[11] In diesem Kontext erhielt auch das Konzept des Grundeinkommens neue Prominenz. Die Debatte über ein bedingungsloses Grundeinkommen taucht – wie auch die Robotersteuer – nicht zufällig auf, wenn sich eine Arbeitsgesellschaft aufgrund von Technologieschüben in ihren Grundfesten bedroht sieht. Es wurde bereits in den 1970er- und 1980er-Jahren intensiv diskutiert.

---

8 Franz Klüber: »Der moderne Mensch und die Automation«, in: *Gewerkschaftliche Monatshefte*. Köln 1957, 8. Jg., Nr. 1, S. 19–28, hier 25.

9 Hannah Arendt: *Vita Activa oder Vom tätigen Leben*. München 1960, S. 13.

10 Ralf Dahrendorf: »Im Entschwinden der Arbeitsgesellschaft. Wandlungen in der sozialen Konstruktion des menschlichen Lebens«, in: *Merkur. Deutsche Zeitschrift für europäisches Denken*. Stuttgart 1980, 34. Jg., Nr. 387, S. 749–760.

11 Carl B. Frey / Michael A. Osborne: »The Future of Employment: How Susceptible are Jobs to Computerisation?«, in: *Technological Forecasting & Social Change*. Amsterdam 2017, Bd. 114, S. 254–280.

Der historische Blick auf die Arbeitsgesellschaft offenbart jedoch sehr schnell, dass es nicht mit deren tradierten Werten vereinbar ist. Zwei Einwände machen dies besonders deutlich. Dies ist zum einen die häufig zu hörende Befürchtung, Menschen würden keiner Beschäftigung mehr nachgehen, sobald ihre Existenz bedingungslos gesichert wäre. Sie würden nicht mehr arbeiten, so die Annahme. Ein weiteres Argument gegen ein bedingungsloses Grundeinkommen ist zum anderen, ganz in der Tradition der Bekämpfung von Müßiggang, dass Nichtstun nicht bezahlt werden könne.

Mit unausgesprochener Selbstverständlichkeit ist dabei die Rede von Erwerbsarbeit, ohne dass die Historizität des Konzepts beachtet würde. Die hohe Wertigkeit von Erwerbsarbeit sowie das Konzept des *Homo laborans*, das den Wert von Menschen sowie die Legitimität menschlicher Existenz mit Erwerbsarbeit verknüpft, sind jedoch das Produkt kultureller historischer Konzepte, die seit Jahrhunderten die Bedeutung und Sinnhaftigkeit von Erwerbsarbeit betonen. Die Idee eines *bedingungslosen* Grundeinkommens ist auch deshalb so radikal, weil es diese jahrhundertealten Bewertungen infrage stellt und letztlich eine andere Form der Gesellschaft bedeuten würde, die konträr zu jetzigen Werten stünde.

Bedingungslos abgesicherte Flexibilität in der eigenen Erwerbsbiografie, neue Möglichkeiten der Selbstverwirklichung oder eine neue Bewertung unterschiedlicher Formen von Arbeit jenseits von Erwerbsarbeit müssten überhaupt erst gesellschaftlich Anerkennung finden. In den Debatten, die seit Jahrzehnten geführt werden, sobald die Erwerbsarbeit aufgrund technologischer Entwicklungen zu verschwinden droht, dominiert jedoch ein Menschenbild, das annimmt, dass Menschen ohne die Strukturierung durch Arbeit kein eigenverantwortliches und sinnvolles Leben führen könnten. Es bedarf demnach der Erwerbsarbeit, um Wohlstand, gesellschaftlichen Zusammenhalt und ein gesellschaftliches Funktionieren zu sichern. Andere Formen der Arbeit wie Ehrenamt, Pflegearbeit, Hausarbeit oder Hobbys wie Gartenarbeit erfahren nicht die gleiche oder gar keine Wertschätzung. Ordnet man die heutige Debatte also in die Konzepte der Denk- und Wertewelt einer historisch dominierenden Arbeitsgesellschaft, die Nichtarbeit als illegitim und bedrohlich erachtet, so wird deutlich, wie provokativ Konzepte eines bedingungslosen Grundeinkommens wirken müssen.

Die Debatte um das Grundeinkommen verweist – und das macht es (unter anderem) so umstritten – auf eine viel größere Transformation als nur auf die der sozialen Sicherungen: eine Transformation, die derzeit nicht vorstellbar ist, nämlich die der Erwerbsarbeitsgesellschaft. Gleichwohl wäre eine Transformation der Arbeitsgesellschaft, wie sie nun seit Jahrhunderten existiert, nicht gleichzusetzen mit einem generellen Ende der Erwerbsarbeit. Vielmehr ginge es um eine neue Wertigkeit unterschiedlicher Formen von Tätigkeit sowie um eine geringere Bedeutung von Erwerbsarbeit für die Organisation moderner Gesellschaften. Damit könnten auch Chancen verbunden sein (siehe auch Kapitel »Land«).

DIE DIGITALISIERUNG WIRD DIE POSITION DES MENSCHEN IN DER ARBEITSWELT VERÄNDERN

Unstrittig ist, dass die Digitalisierung der Arbeitswelt die Position der Menschen in der Arbeitswelt und die Mensch-Maschinen-Verhältnisse verändern wird. Historisch verschob sich die menschliche und maschinelle Arbeitsteilung seit der Einführung von Maschinen in Fabriken kontinuierlich. Dabei wurde die Frage nach der Position der Menschen im Verhältnis zu den Maschinen seit dem 18. Jahrhundert immer wieder intensiv und aufgeregt diskutiert. Dies ist wenig überraschend, wenn wir an die zuvor geschilderte Entstehung der Arbeitsgesellschaft und die Aufwertung der Arbeit als Teil menschlicher Existenz und Sinnstiftung denken. Die Position der Menschen im Prozess der Arbeit war entscheidend für die Bewertung der Arbeit. Eine zentrale Diskussion kreiste seit dem 19. Jahrhundert um die Gefährdung der Position der Menschen als Herrscher, Kontrolleure und Steuerer. Gerade Fabrikarbeit wurde in dieser Hinsicht häufig negativ bewertet.

Demgegenüber war es immer wieder das Bild des Handwerkers, das zu einem Idealbild einer menschlich-autonomen Arbeitsweise stilisiert wurde. Der Handwerker gilt als Inbegriff des selbstbestimmt arbeitenden Menschen, der den gesamten Produktionsprozess überblickt, der seine Zeit und seine Tätigkeiten selbst einteilt und der den unmittelbaren Kontakt zu dem von ihm hergestellten Produkt hat.

Historisch zurückblickend wird daher häufig eine Verlustgeschichte erzählt, in der die Arbeiter aufgrund der Arbeitsteilung, der Spezialisierung und der Maschinisierung entwertet wurden und ihre zentrale Position verloren. Insbesondere Karl Marx hatte das Mensch-Maschinen-Verhältnis in der Fabrik polemisch beschrieben. Er hatte in der Fabrikarbeit eine fundamentale Abwertung der menschlichen Arbeit und der menschlichen Position gegenüber der Maschine beklagt. Der Mensch diene der Maschine und werde zu ihrem lebendigen Anhängsel, zum »Teil einer Teilmaschine«.[12] Aber auch der Maschinenbauingenieur Franz Reuleaux konstatierte im 19. Jahrhundert »die auffallende Abnahme der Geschicklichkeit der Arbeiter. [...] Die Maschine [...] tritt fast vollständig an die Stelle des Menschen; [...] der Mensch aber, ihr Diener – grausige Ironie – sinkt auf die Stufe der Maschine herab«.[13]

---

12 Karl Marx / Friedrich Engels: *Das Kapital, Kritik der politischen Ökonomie, Band Eins*. Berlin (Ost) 1968, S. 445.

13 Franz Reuleaux: *Theoretische Kinematik. Grundzüge einer Theorie des Maschinenwesens*. Braunschweig 1875.

Im Kontext des Taylorismus und der fordistischen Fließbandarbeit wurden die Arbeiter gleichfalls als Teile einer Maschinerie oder als Zahnrad im maschinellen Getriebe beschrieben. Der Tenor hinsichtlich der Fabrikarbeit war mithin, der Mensch müsse sich der Maschine unterordnen, sich in die Maschinerie einfügen und ihr anpassen. Diese Wertungen wurden von bürgerlichen, marxistischen und industriesoziologischen Kritikern der Fabrikarbeit immer wieder formuliert. Inzwischen hat die Forschung jedoch gezeigt, dass dies zu eindimensional ist und beispielsweise die hohen Kompetenzen von Maschinenbedienern, deren Stolz auf ihre Arbeit sowie ihr Selbstbild übersieht. Bereits in den 1950er-Jahren hatten Heinrich Popitz und Hans-Paul Bahrdt in einer Studie zu Hüttenarbeitern gezeigt, dass diese über hohe Kompetenzen und Geschicklichkeit verfügten und dass sie sich – ganz anders, als es die Kulturkritik beschrieb – als *Beherrscher* der Maschinen fühlten.[14] Letzteres verweist erneut auf die dominante Frage nach der Position der Menschen als Herrscher und Kontrolleure.

Mit der beginnenden Automatisierung in den 1950er-Jahren wurde das Versprechen formuliert, diese werde die tayloristische Arbeit überwinden und die Position der Menschen aufwerten, indem die Menschen nun zu Steuerern, Kontrolleuren und Überwachern würden. Tatsächlich gingen mit den Automatisierungsprozessen Verschiebungen der Tätigkeiten und des Mensch-Maschinen-Verhältnisses einher. Der Anteil körperlicher Arbeit sank, der »Abschied vom Malocher«[15] wurde eingeleitet. Fähigkeiten wie Konzentration, Aufmerksamkeit, sinnliche Wahrnehmungen, vor allem die Nutzung des Sehsinns, wur-

---

14 Heinrich Popitz / Hans Paul Bahrdt: *Technik und Industriearbeit. Soziologische Untersuchungen in der Hüttenindustrie.* Tübingen 1957.

15 Wolfgang Hindrichs et al: *Der lange Abschied vom Malocher. Sozialer Umbruch in der Stahlindustrie und die Rolle der Betriebsräte von 1960 bis in die 1990er-Jahre.* Essen 2000.

den wichtiger. 1960 wurde in der Zeitschrift des Vereins Deutscher Ingenieure festgestellt, dass der »Automationsarbeiter« als neuer »Menschentyp« sich erst noch entwickeln müsse.[16]

Auffällig ist, dass diesen hier nur kurz skizzierten Wertungen der Mensch-Maschinen-Verhältnisse in der Fabrik seit dem 19. Jahrhundert stets ein Konkurrenz- und Vergleichsdenken zugrunde lag, in dem es um Hierarchien zwischen Menschen und Maschinen ging. In der heutigen Industrie-4.0-Debatte – um vorerst auf der Ebene der Fabrik zu bleiben – behält der Diskurs zwar die Rhetorik vom Menschen als zentrale Instanz bei, aber er ist auffällig anders. Hier zeichnen sich insbesondere zwei massive Veränderungen hinsichtlich der Position der Menschen ab, die künftig von Bedeutung sein werden:[17]

Eine Grundidee von Industrie 4.0 ist erstens die Vernetzung. Sämtliche Schritte der Wertschöpfungskette und somit der gesamte Lebenszyklus eines Produkts sollen digital verknüpft werden. Dies beinhaltet auch eine Vernetzung von Maschinen, Menschen, Produkten und Infrastrukturen. Mithin soll eine Maschine-Maschine-Kommunikation genauso selbstverständlich sein wie die Kommunikation zwischen Menschen und Maschinen sowie zwischen Produkt und Maschine oder Produkt und Mensch. Das System soll sich zudem stets selbst steuern und optimieren. Menschen und Maschinen sollen neben Materialien und den herzustellenden Produkten als Komponenten eines sich selbst steuernden Systems eingeplant werden. Die zentrale Position der Menschen ist in dieser Logik hinfällig, auch wenn sie zugleich immer wieder betont wird. Vielmehr sind Menschen ein Bestandteil eines Systems. Dies ist insofern bemerkenswert, als die alten Fragen nach

---

16 Verein Deutscher Ingenieure (VDI): »Ausbildungsfragen im Lichte moderner Fertigungstechnik«, in: *VDI-Zeitschrift*, Berlin 1960, 102. Jg., Nr. 27, S. 1291.

17 Martina Heßler: »Industrie 4.0«, in: Kevin Liggieri / Oliver Müller (Hrsg.): *Mensch-Maschine-Interaktion. Geschichte – Kultur – Ethik.* Stuttgart 2018.

Hierarchien und Konkurrenzen zwischen Menschen und Maschinen obsolet wären und hier ein ganz neues Denken Raum greift, das allerdings Kontinuitäten in die Kybernetik der 1950er-Jahre aufweist. Es handelt sich um ein Denken, das Menschen und Maschinen als Komponenten eines technisch menschlichen Systems konzipiert.

Menschen sollen in der digitalen Arbeitswelt zweitens Assistenz und Anweisungen von Maschinen erhalten. Assistenzsysteme umfassen einerseits körperliche Unterstützung bei anstrengenden Arbeiten, andererseits die Bereitstellung von Informationen sowie die Erteilung von Aufträgen von Maschinen an Menschen. Das ist nicht gänzlich neu, geben uns Geräte doch im Alltag längst Hinweise, wie wir sie zu bedienen, die Software zu installieren oder Fehler zu beheben haben.

Die Kollaboration von Mensch und Maschine ist ein Aspekt, der weit über die Diskussion der Fabrikarbeit hinausführt und ein Grundkennzeichen der Digitalisierung der Arbeitswelt darstellt: Das Mensch-Maschinen-Verhältnis wird als ein partnerschaftliches konzipiert. Die Rede ist vielfach von Maschinen als »Kollegen« und »Assistenten«. Beispiele lassen sich mannigfach finden. Computerprogramme schreiben bereits einfache Sportreportagen, sie fungieren als Expertensysteme in der Medizin, sie werden in der Personalberatung und -auswahl eingesetzt. Historiker und Historikerinnen beginnen, immense Textbestände mit digitalen Tools zu durchforsten, und lassen die Computer relevante Textpassagen identifizieren und sogar verknüpfen.

Die partnerschaftliche Zusammenarbeit, die hier skizziert und bereits mannigfach praktiziert wird, kennt jedoch, so die Rhetorik, noch immer klare Hierarchien. So wird stets betont, dass die Menschen die Entscheider seien. Computer sollen als Assistenten der Menschen eingesetzt werden. Dies bedient ein traditionelles Bild der höheren Wertigkeit der Menschen im Arbeitsprozess: Auch hier ist die Maschine

MENSCHEN
ENTSCHEIDEN
INZWISCHEN MIT
COMPUTERN,
OHNE DASS DIE
»RATSCHLÄGE« UND
»EMPFEHLUNGEN«
DER COMPUTER
NACHVOLLZIEHBAR
WÄREN

der Knecht, der Mensch der Herr. Oder modern gesprochen: Die Maschine ist der Assistent und der Mensch ihr Kontrolleur.

Immer wenn dieses Verhältnis historisch bedroht war, wie in der Fabrik im 19. Jahrhundert, wurde dies beklagt. Im Zuge der Automatisierung wurde der Mensch dann als Herr der Maschine mit dem Bild des Steuerers und Kontrolleurs wieder zu etablieren versucht. Auch die Roboter der 1970er-Jahre galten als diejenigen, die die Drecksarbeit machen. Mit fortschreitender Digitalisierung wird der Computer nun als Assistent konzipiert. Auf diskursiver Ebene wird die hervorgehobene Position der Menschen also stets betont.

Ein zentraler Punkt der gegenwärtigen Entwicklung ist jedoch die Verschiebung der Kompetenzen, die mit einer neuen Arbeitsteilung zwischen Menschen und Maschinen einhergeht, wenn Maschinen Assistenten sind, die *mitentscheiden*. Damit ist zwangsläufig eine weitere Verlagerung von Wissen und Kompetenzen vom Menschen auf Maschinen verbunden, eine Übertragung an Software und Algorithmen, die Konsequenzen für Qualifikationen und das Vorhandensein menschlicher Wissensbestände hat. Die Delegation von Entscheidungen an Maschinen stellt eine neue Dimension der Mensch-Maschinen-Interaktion dar. Menschen entscheiden inzwischen *mit* Computern, ohne dass die »Ratschläge« und »Empfehlungen« der Computer nachvollziehbar wären. Allein die vom Computer verarbeiteten Datenmengen sind so groß, dass die Ergebnisse für Menschen nicht mehr nachverfolgbar sind. Ein Beispiel aus einem ganz anderen Bereich soll dies veranschaulichen: Der ehemalige Schachweltmeister Garri Kasparow beschrieb seine Erfahrung als Schachlehrer im Kontext des Einsatzes von Schachcomputern. Eine neue Generation von Schachspielern würde vielfach am Computer erlernte Züge anwenden, weil es der »best move« sei, wie der Computer »erkläre«, ohne allerdings begründen zu können, warum dies der »best move« sei. Kasparow kommentierte dies: »Overreliance on the machine can weaken, not enhance, your own comprehension if you take it as its word all the time.« Der Computer werde dann vom »coach« zum »oracle«.[18]

Das Orakelhafte der Maschinen verweist auf das menschliche Nichtverstehen von Computerentscheidungen. Dies erhält allerdings eine ganz neue Dimension, wenn es um das sogenannte Machine Learning geht, bei dem, so die Aussage der Programmierer, grundsätzlich nicht mehr nachzuvollziehen ist, wie die Maschinen lernen und wie sie entscheiden.

Die Position der Menschen, die historisch stets von hoher Bedeutung für das Selbstverständnis als *Homo laborans* war, wäre dann eine völlig andere: Im Sinne der Logik von Industrie 4.0 hätten wir es nicht mehr mit der Zentralität der Menschen zu tun, sondern Menschen wären eine Komponente in einem soziotechnischen System, in dem Algorithmen Empfehlungen geben, denen Menschen vertrauen müssten. •

---

18 Garri Kasparov: *Deep Thinking. Where Machine Intelligence Ends and Human Creativity Begins.* New York 2017.

130 **PLANET**

KON
TROLLE
WIE

DAMIAN BORTH 131
KI-EXPERTE, ST. GALLEN

oder **ZUM AUFBAU EINER SOZIALEN DATENWIRTSCHAFT**

Die Diskussion über künstliche Intelligenz (KI) kommt kaum ohne Emotionen aus. Auch nicht in Kalifornien, im Silicon Valley, dem wohl wichtigsten Tech-Standort der Welt. Dort liefern sich seit gut zwei Jahren zwei der erfolgreichsten und bekanntesten Unternehmen immer wieder einen verbalen Schlagabtausch. Auf der einen Seite Mark Zuckerberg, Gründer von Facebook. Auf der anderen Seite Elon Musk, Gründer von Tesla und SpaceX.

Für Zuckerberg ist KI ein Segen. Sie wird Autos sicherer und Diagnosen beim Arzt besser machen. Dass jemand Negatives darin sehen kann oder die Weiterentwicklung gar stoppen möchte, kann Zuckerberg nicht nachvollziehen und wirft KI-Kritikern schon mal Verantwortungslosigkeit der Menschheit gegenüber vor. Für Musk hingegen ist KI eine Bedrohung, sie wird seiner Meinung nach mehr Schaden anrichten als Nutzen stiften. Zumindest wenn ihre Entwicklung nicht proaktiv reguliert wird. Dabei denkt er nicht so sehr an mit KI hergestellte »Fake«-Texte, Fotos oder Videos,[1] die Menschen bewusst täuschen. Sondern vielmehr an superintelligente Maschinen, die uns Menschen überlegen sind und uns eines Tages eventuell überholen könnten. Was das für die Vormachtstellung der Menschen bedeutet, kann man sich vorstellen. Für Musk sind solche Szenarien nicht Science-Fiction, sondern real.[2]

So kontrovers die Positionen auch sind und die Bandbreite der gegenwärtigen Diskussion verdeutlichen, klar ist: ==KI ist nicht Zukunft. KI ist bereits da.== Und sie lässt sich nicht einfach wieder ausschalten, nur

---

1 Forscher des US-amerikanischen Allen Institute for Artificial Intelligence in Seattle haben eine KI entwickelt, die Artikel zu jedem erdenklichen Thema produzieren kann. Alles, was es dazu braucht, ist eine knappe Themenbeschreibung. Sollten Suchmaschinen solche Texte nicht erkennen, könnten Angreifer das Internet in kurzer Zeit mit Fake News überfluten und einen noch größeren Einfluss auf die öffentliche Meinung nehmen als heute schon. Videos und Bilder, die täuschend echt wirken, aber gefälscht sind, nennt man Deep Fakes.

2 Auch der Physiker Stephen Hawking äußerte sich vor seinem Tod kritisch: »Künstliche Intelligenz könnte das Ende der Menschheit bedeuten«.

weil wir es uns anders überlegen. Wie in einem Wettlauf um die Zeit entwickeln Staaten auf der ganzen Welt nationale Strategien, um die neue Technologie zu fördern und das Themenfeld voranzubringen. Auch in Europa. Ob Frankreich, das Vereinigte Königreich oder Deutschland, Summen in Milliardenhöhe fließen mittlerweile in Forschung und Lehre. Auslöser für dieses Engagement war im Grunde ein Strategiepapier von Barack Obama im Jahr 2016. Darin beschrieb der ehemalige US-Präsident die Transformation der Gesellschaft durch den Einsatz der künstlichen Intelligenz als eine der großen politischen Herausforderungen. Doch wie konnte es überhaupt so weit kommen? Was hat es mit der künstlichen Intelligenz auf sich? Und warum ist das Thema plötzlich so präsent?

Nun, es hat mit den herausragenden Erfolgen der letzten fünf Jahre auf dem Gebiet des sogenannten »Deep Learning« zu tun. Deep Learning ist eine Disziplin der künstlichen Intelligenz, bei der tiefe neuronale Netze genutzt werden, um das menschliche Gehirn auf einem Computer zu simulieren. Dadurch – so die Hoffnung – wird man den Funken der Intelligenz in der Maschine endlich entfachen können.

Diese tiefen neuronalen Netze werden immer komplexer und erfolgreicher im Verstehen von Text, Bild und Sprache. Wie wir Menschen sind diese Netze in der Lage, unsere Umgebung wahrzunehmen, ein entgegenkommendes Auto zu erkennen oder die Stimme einer Person. Von anfangs acht Schichten und Millionen von Verknüpfungen sind diese heute zu Netzen mit Hunderten, wenn nicht Tausenden Schichten und Milliarden von Verknüpfungen angewachsen. Und je mehr Schichten, je mehr Verknüpfungen, je tiefer diese Netze werden, desto besser und erfolgreicher werden sie in der Bewältigung ihrer Aufgaben. Das Überraschende an der Erfolgsgeschichte der tiefen neuronalen Netze: Sie sind als Idee schon seit den späten 60er-Jahren bekannt und wurden Anfang der 90er-Jahre auch an einfachen Aufgaben erfolgreich getestet. Doch erst 2012 gelang der Durchbruch. Weil just zu dieser Zeit drei Kernelemente zusammenkamen:

Erstens: Die Forschergruppe um Geoffrey Hinton von der Universität Toronto und insbesondere die Arbeit von Alex Krizhevsky präsentierten 2012 ihr neuronales Netzwerk »Alexnet«. Ein Meilenstein, ein Gamechanger. Das Netzwerk war erstmalig in der Lage, Objekte in Bildern zu erkennen, weil es über eine tiefere Architektur mit größerer Lernkapazität verfügte. Sprich, die Forscher haben ein neuronales Netz mit vielen Schichten – hier zum ersten Mal acht Schichten – erfolgreich trainiert und angewendet. Daher auch der Begriff »Deep Learning«.

Zweitens: Mit zusätzlichen Schichten an Neuronen steigt nicht nur die Lernkapazität des neuronalen Netzes, sondern auch der Bedarf an Daten. Mit Big Data standen und stehen viele Daten zur Verfügung, mit denen diese neuen tieferen neuronalen Netze trainiert werden können. Und diese Datenmenge wächst beständig an. Eine Studie des IT-Marktbeobachtungshauses IDC aus dem Jahr 2017 geht davon aus, dass sich die weltweite Datenmenge bis 2025 mehr als verzehnfachen wird.

Drittens: Der Rechenaufwand für die Verarbeitung dieser großen Mengen an Daten und die Milliarden an Verknüpfungen zwischen den Neuronen ist immens. Der Trick: Die Forscher verwendeten für ihre neuronalen Netze erstmalig Grafikprozessoren (Graphic Processing Units, GPUs) und konnten dadurch das Training um ein Vielfaches beschleunigen. Auch hier geht es beständig weiter.[3]

---

3 Ein Alexnet mit acht Schichten kann heute in 18 Minuten trainiert werden, 2012 hat man dafür noch zwei Stunden gebraucht.

Diese drei Kernelemente – Alexnet, Big Data und GPUs – haben 2012 zusammen den Grundstein dafür gelegt, dass wir heute an dem Punkt stehen, an dem wir stehen. Tiefe neuronale Netze sind in der Lage, bestimmte Aufgaben genauso gut und mitunter sogar schon besser als Menschen zu erledigen. Darin sehe ich wie andere eine große Chance.

WICHTIGE INFORMATION ODER RAUSCHEN?

Es geht nicht nur darum, durch KI unsere Mobilität sicherer, effizienter und nachhaltiger zu gestalten. Oder Krankheiten schneller und präziser zu diagnostizieren. Das sind die Beispiele, die gerne und immer wieder zitiert werden. Wir leben in einer Welt, die immer komplexer wird und uns – ob wir wollen oder nicht – mit immer mehr Daten konfrontiert. Maschinelle Intelligenz kann uns dabei helfen, zwischen wichtigen Informationen und Rauschen zu unterscheiden.

Auf dieser Basis können dann sachkundigere Entscheidungen getroffen werden. Das wird nicht nur die Art und Weise, wie wir Menschen arbeiten, lernen, kommunizieren und konsumieren, revolutionieren, sondern auch die Zukunft unterschiedlichster Industrien prägen. Automobil, Einzelhandel, Gesundheitswesen, Finanzwelt – sie alle müssen sich den Methoden der KI gegenüber öffnen und weiterentwickeln, um auf Dauer konkurrenzfähig zu bleiben. Künstliche Intelligenz ist keine Industrie, die gerade am Entstehen ist, sondern eine disruptive Kraft, die in jede Branche, in jedes Unternehmen, in jedes Produkt hineinwirkt. Einige Unternehmen haben das bereits erkannt. So werben nicht mehr nur Technologiekonzerne Koryphäen aus der KI-Forschung ab, auch Hedgefonds, Finanzinstitute und Logistiker wetteifern inzwischen um Talente. Letztlich ist die KI die erste Technologie des 21. Jahrhunderts, die genauso wie das Internet alle Industrien durchdringen und den Unterschied machen wird zwischen Gewinnern

DATEN SIND
DAS GEWEBE
UNSERER
MODERNEN
GESELLSCHAFT,
UND KÜNSTLICHE
INTELLIGENZ
WIRD IHR
ANTRIEBSMOTOR
SEIN

der Digitalisierung auf der einen Seite und Verlierern der Digitalisierung auf der anderen. Kürzer gesagt: Künstliche Intelligenz ist nicht irgendein Wettbewerbsfaktor, es ist *der* Wettbewerbsfaktor.

KI FÜR DEN GUTEN ZWECK

Doch nicht nur im kommerziellen Bereich wird künstliche Intelligenz eine entscheidende Rolle spielen. KI wird uns darüber hinaus helfen, gesellschaftliche, soziale und ökologische Herausforderungen besser zu meistern. Beispiele für »AI for Good«,[4] die Nutzung der künstlichen Intelligenz für den guten Zweck, gibt es bereits etliche. So können KI-basierte Systeme Blinden helfen, sich in ihrer Umgebung besser zurechtzufinden. Satelliten- oder Drohnenaufnahmen in Echtzeit auswerten, um Naturkatastrophen vorherzusagen oder Einsatzkräften im Fall der Fälle den schnellsten Weg ins Krisengebiet zu weisen – vorbei an überfluteten Unterführungen oder verschütteten Straßen. Oder Geräusche von Insekten auf Feldern analysieren und dadurch wichtige Rückschlüsse ziehen: Wie gesund und lebendig ist der Acker, welchen Einfluss haben Pestizide oder der Bau von Straßen auf die Biodiversität, wie erfolgreich sind Umweltschutzprogramme wie Grünstreifen und Brachflächen? In seiner aktuellen Studie »Fourth Industrial Revolution for the Earth« listet das World Economic Forum allein für den Bereich »Umweltschutz« mehr als 80 Einsatzmöglichkeiten auf und spricht bereits von einer Nachhaltigkeits-Revolution, die KI hier auslösen könnte.[5] Insbesondere Universitäten könnten einen wertvollen Beitrag leisten und als Schnittstellen dienen zwischen der Technologie-

---

4   AI for Good ist der Name einer Plattform der Vereinten Nationen, die den Dialog über den Nutzen von KI fördert. Ihr Global Summit findet jedes Jahr in Genf statt: https://aiforgood.itu.int

5   World Economic Forum: *Harnessing Artificial Intelligence for the Earth*. Genf 2018, http://www3.weforum.org/docs/Harnessing_Artificial_Intelligence_for_the_Earth_report_2018.pdf

entwicklung und den Sustainable Development Goals (SDG),[6] die die Vereinten Nationen (UN) am 1. Januar 2016 mit einer Laufzeit von 15 Jahren verabschiedet haben. Sie umfasst 17 Ziele für eine nachhaltige Entwicklung, darunter Klimawandel bekämpfen, Armut beenden, Ernährung sichern, Bildung für alle.

KÜNSTLICH INTELLIGENTE SYSTEME UND DIE FRAGE DER MACHT

Doch was ist mit den Gefahren, die Elon Musk anspricht? Wie sollen wir mit KI-Systemen umgehen, die mit uns oder unserer Umwelt interagieren? Müssen wir KI grundsätzlich und von Anfang an regulieren? Da Musk hier nicht die nötigen Initiativen sieht, nicht das nötige Problembewusstsein, hat er bereits vor drei Jahren das Unternehmen Neuralink gegründet. Dessen Ziel: die Vormachtstellung des Menschen sichern, indem man ihn mit KI erweitert, quasi dopt. Operationsroboter sollen hierfür Elektroden im menschlichen Gehirn platzieren, wie bei einem Software-Update können dann – so die Vision – neue Sprachen oder die Bewegungsabläufe einer Sportart geladen werden. Nach ersten Versuchen an Ratten und Affen sucht Musk nun nach Freiwilligen für seine Mensch-Maschinen-Schnittstelle.

Für mich persönlich hört sich das sehr nach Hollywood an. Wir sollten dringend die Euphorie, aber auch die Angst aus dem Thema KI rausnehmen. Stattdessen sollten wir genauer hinsehen: Was ist wirklich möglich? Ist KI auch drin, wo KI draufsteht? Künstliche Intelligenz ist inzwischen zu einem Modewort verkommen. Ein Label, mit dem sich Produkte und Dienstleistungen besser verkaufen lassen. Wenn wir unseren Blick schulen, würden wir feststellen, dass es einen Un-

---

6 https://www.un.org/sustainabledevelopment/sustainable-development-goals/

terschied gibt – ich halte mich an die Definition von Stuart Russell und Peter Norvig[7] – zwischen starker und schwacher KI. Wenn sich eine Maschine ihrer selbst bewusst ist, wäre das starke KI. Das gibt es bisher nur in Filmen. Bei der schwachen KI sind wir sehr nah dran. Diese kann eng gefasste Aufgabenstellungen mitunter besser lösen als ein Mensch. Damit erscheint die KI von außen intelligent, im Inneren ist sie jedoch nur eine komplexe Rechenmaschine. Eine Aufgabe kann sie sehr gut lösen, aber für eine zweite, andersartige, ist sie nicht zu gebrauchen – quasi ein digitaler Fachidiot. Ein System in einem selbstfahrenden Auto kann – Stand heute – nicht gleichzeitig ein guter Schachspieler sein. Und mitunter kann es noch nicht einmal selbst fahren. Bleiben wir bei Tesla und seinem Autopiloten. Autonom, teilautonom – erst nach einer Reihe von Unfällen, bei denen sogar Menschen um Leben kamen, weil sie das System überschätzten, wurde die Trennlinie schärfer gezogen. Und das vermeintlich intelligente, selbstfahrende Auto entpuppte sich als ein Auto mit Fahrerassistenzsystem. Das System kann automatisch Gas geben oder bremsen, um den Sicherheitsabstand zum Vordermann einzuhalten. Und es hält für eine bestimmte Zeit das Fahrzeug auf Spur, weil es die weißen Linien auf dem grauen Asphalt erkennt. Sollte der Fahrer zu lange die Hände vom Lenkrad nehmen, ertönen Warnsignale. Ignoriert er sie zu lange, schaltet sich das System aus. Level-2-Autonomie sagt die US-Sicherheitsbehörde NHTSA (National Highway Traffic Safety Administration) dazu. Volle Autonomie wäre Level 5.

Natürlich: Wir dürfen die Gefahren nicht runterspielen. Es gibt durchaus Risiken. Das Stichwort lautet Adversarial Attacks. Bekannt wurden sie in der akademischen Forschung durch Ian Goodfellow, der 2015 zeigen konnte, dass tiefe neuronale Netze anfällig für manipu-

---

7 Stuart Russel / Peter Norvig: *Künstliche Intelligenz*. Hallbergmoos 2012.

lierte Bilder sind. Dadurch kann automatische Bilderkennung leicht in die Irre geführt werden. Durch minimale Änderungen konnten sie einer KI vorgaukeln, dass das Objekt vor ihr keine Schildkröte ist, sondern ein Gewehr. Dafür druckten sie die Figur einer Schildkröte mithilfe eines 3-D-Druckers aus und veränderten im Laufe des Versuchs lediglich die Farbe des Panzers minimal. Das Problem: Menschen bringen Computern zwar bei, welche Antwort richtig und welche falsch ist. Doch wie die KI letztlich zu der richtigen Antwort kommt, auf welche Merkmale sie achtet, weiß nur sie.[8] Entsprechend unerwartet kann die KI reagieren, wenn sie auf die wirkliche Welt trifft. Schneeflocke, Regentropfen, ja ein Pixelfehler in der Kamera können genügen, dass die KI etwas anderes wahrnimmt – und bislang können wir diesen Vorgang nicht zu 100 Prozent nachvollziehen. War es die Schneeflocke, der Regentropfen, der Pixelfehler oder vielleicht etwas ganz anderes? Sehr oft ist der Auslöser fürs menschliche Auge nicht einmal sichtbar. Es findet quasi eine Entkopplung statt von der visuellen Wahrnehmung des Menschen zu der visuellen Wahrnehmung der Maschine.

Insbesondere KI-Systeme, die Daten von außen erhalten und verarbeiten, sind anfällig – sei es nun der Hochfrequenzhandel auf den Finanzmärkten oder automatische Informationsgewinnung auf Regierungsebene. Besonders brisant: Angreifer können KI-Systeme mit Adversarial Attacks bewusst in die Irre führen, sie zwingen, etwas zu sehen, was gar nicht ist. Vermutlich selbst dann, wenn sie nicht wissen, welche Daten das System wie intern verarbeitet, wo genau ihre Schwäche liegt. Zumindest im Labor sind solche Adversarial Attacks

---

[8] Im Gegensatz zum traditionellen Machine Learning wandert bei der KI die Verantwortung zum Lernen vom Entwickler zum neuronalen Netz. Daraus ergeben sich viele Fragen: Wie soll ich beispielsweise ein System versichern, das sich permanent und eigenständig verändert? Ist die heutige Version noch die von morgen? Gibt es Möglichkeiten, den Lernfortschritt nachzuvollziehen?

bereits geglückt.⁹ Wir werden uns also darauf einstellen müssen, dass es keine 100-prozentige Garantie gibt: Ein System, das gestern noch einwandfrei funktioniert hat, kann morgen schon unvorhersehbar reagieren.¹⁰

NEURONALE NETZE BRAUCHEN EINE IDENTITÄT

Was also tun? Bevor KI-Systeme aus den Laboren im großen Stil unsere reale Welt erreichen, bevor wir mit ihnen tagtäglich interagieren, brauchen wir Instrumente, Regeln und Institutionen, eine Art KI-TÜV. Künstlich intelligente Systeme müssen über ihren gesamten Lebenszyklus hinweg genauso kontrolliert, überwacht und gewartet werden wie die Bremsen unserer Autos oder die Turbinen unserer Flugzeuge. Darüber hinaus müssen KI-Systeme gekennzeichnet werden, die schon einmal Probleme gemacht haben, um zu verhindern, dass sie in andere Produkte eingebaut werden können. Sprich, wir müssen diesen neuronalen Netzen eine Identität geben. Nur wenn wir kontinuierlich beweisen, dass KI-Systeme sicher funktionieren, können wir KI nachhaltig in unserer Gesellschaft verankern, Vertrauen auf- und Ängste abbauen. Wobei diese Sorge auch ein Stück weit normal ist. Menschen standen neuen Technologien schon immer kritisch gegenüber. Nehmen wir die allererste Lok »Puffing Billy«. Vor 200 Jahren fürchtete man sich vor diesem stählernen Teufelsding, das pfiff, zischte und

---

9   Beispiel für Adversarial Attacks könnten sein: Gefährliche Gegenstände so präparieren, dass sie die KI eines Sicherheitsscanners am Flughafen als solche nicht identifizieren kann. Verkehrsschilder mit einem vermeintlichen Aufkleber versehen, sodass die KI eines autonom fahrenden Autos nicht »Stopp« sieht, sondern »Vorfahrt«.

10 Um Lern- und Entscheidungsprozesse von KI transparent und nachvollziehbar zu machen, sind Forscher auf der Suche nach einer Möglichkeit, Lernprozesse schichtweise rückwärts zu betrachten. Eine Methode ist die Layer-wise Relevance Propagation (LRP), die Klaus-Robert Müller von der TU Berlin und Spercher des Berliner Zentrums für Maschinelles Lernen (BZML) gemeinsam mit dem Fraunhofer Heinrich-Hertz-Institut entwickelt hat.

knallte. Techniksskeptiker warnten, der Qualm würde Fahrgäste und grasendes Vieh entlang der Zugstrecke vergiften, das rasende Tempo von acht Stundenkilometern das Gehirn verwirren. Kutscher und Stallburschen bangten um ihren Job. Heute setzen wir uns ohne groß darüber nachzudenken in Hochgeschwindigkeitsbahnen, die zumindest in Frankreich bis zu 320, in China bis zu 400 Stundenkilometer schnell fahren.

Oft werde ich gefragt, ob die KI nicht eine ganz andere Dimension hätte und eben gerade nicht mit Dampfmaschine, Buchdruck oder Elektrizität zu vergleichen wäre. Ich neige dazu, Nein zu sagen. Lesen, Reisen, Strom für Licht, Herd, Telefon: All das hat das Leben von uns Menschen grundlegend verändert. Und doch gibt es in der Tat Unterschiede. Erstens: Ein Motor ist ein Motor. Er wird immer das tun, was man von ihm verlangt. Und wenn er nicht so funktioniert, wie wir wollen, dann ist klar nachvollziehbar, warum nicht. Kontrolle und Macht liegen stets bei uns. Wir haben die Technik in der Hand. Bei einer künstlichen Intelligenz besteht zumindest theoretisch die inhärente Möglichkeit einer Eigenständigkeit, die über das eigenständige Lernen hinausgeht. Klar: Es ist eine Vision. Wir sind sehr weit davon entfernt. Doch eine autonome Maschine mit Gefühlen, einer eigenen Meinung ist nicht ausgeschlossen. Zweitens: Während es nicht so einfach ist, eine Atombombe beispielsweise zu bauen, sind viele KI-Tools für jeden kostenlos verfügbar. Big-Tech-Unternehmen wie Google und Facebook oder das unabhängige Forschungszentrum OpenAI[11] setzen

---

11 OpenAI wurde im Dezember 2015 von Elon Musk und den beiden Investoren Peter Thiel und Sam Altman eröffnet. Ziel des Zentrums: verhindern, dass die KI-Forschung ausschließlich hinter verschlossenen Türen großer Tech-Konzerne stattfindet. Eigene Erkenntnisse, Tools und Patente werden möglichst jedem frei zur Verfügung gestellt. Die Initiative wird innerhalb der KI-Community unterschiedlich bewertet. Einer der Kritiker ist der schwedische Philosoph Nick Bostrom. In einem Interview mit der Zeitschrift *Wired* sagte er vor zwei Jahren: »Wenn Sie einen Knopf haben, der Schaden in der Welt anrichten kann, würden Sie ihn nicht jedem zur Verfügung stellen.« (*Wired*: »Inside OpenAI, Elon Musk's Wild Plan to Set Artificial Intelligence Free«, 27.04.2016, https://www.wired.com/2016/04/openai-elon-musk-sam-altman-plan-to-set-artificial-intelligence-free/)

auf Open Source – den freien und kostenlosen Zugang zu KI-Software-Codes. Auch das befeuert die Angst vor Kontrollverlust: Wer benutzt die KI-Tools für welche Zwecke? Aufgrund ihrer hohen Accessibility hat die KI einen starken Dual-Use-Charakter. Drittens: Zum ersten Mal müssen sich auch Menschen in White-Collar-Berufen Gedanken machen, wie es für sie weitergehen wird. Wirtschaftsprüfer, Steuerberater, Juristen, Radiologen haben plötzlich eine KI als Kollegen – und dieser kann manchmal den Job besser erledigen als man selbst. Ob diese Furcht berechtigt ist, kann heute keiner sagen.[12] Sicher ist nur: Die Arbeitswelt wird sich verändern, alte Berufe werden verschwinden, neue entstehen. In welchem Ausmaß, in welchen Bereichen, mit welchen Qualifikationsprofilen – im Moment können wir nur spekulieren.

INNOVATIONEN ERMÖGLICHEN, NICHT AUSBREMSEN

Doch kommen wir zurück zum KI-TÜV. Damit er Sinn ergibt, die Kontrollen nicht zu streng sind, aber auch nicht zu schwach, brauchen wir ein Klassifikationssystem. Es gibt KI-Systeme, die potenziell Entscheidungen über Menschenleben treffen, zum Beispiel Roboter-Chirurgen oder autonome Fahrzeuge. Es gibt KI-Systeme, die Einfluss auf unsere Umwelt nehmen, wie Steuerungssysteme von Bohranlagen, Ölplattformen oder Staudämmen. Es gibt KI-Systeme, die entscheiden, wer zu welchen Konditionen einen Kredit bekommt oder vorzeitig aus dem Gefängnis entlassen wird. Es gibt KI-Systeme, die uns mit Nachrichten versorgen und mit uns kommunizieren. Und es gibt KI-Systeme, die Katzen- von Hundebildern unterscheiden. Für jede

---

12 Manche Krebspatienten bestehen schon heute darauf, dass ihre MRT-Bilder zusätzlich von einer KI angeschaut werden.

Klasse müssen andere Kontrollen, Regulierungen, ethische Standards greifen. Denn wenn alle KIs den gleichen Regeln unterworfen werden, laufen wir Gefahr, Innovationen auszubremsen oder spezifische Probleme zu übersehen. Auch hier sehe ich Universitäten als unabhängige Entitäten, um einen aktiven, konstruktiven und ausbalancierten Dialog mit Politik, Wirtschaft und Gesellschaft zu führen. Welche Klassen von KI gibt es, welche Chancen und welche Risiken gehen von ihnen aus, wie und für was werden sie genutzt (grundsätzlich anders, als wir es uns vorstellen), was können wir proaktiv tun, um Missbrauch zu verhindern,[13] wer haftet im Fall der Fälle, und welche Grenzen wollen wir auf keinen Fall überschreiten? Stichwort »autonome Waffensysteme«. Stichwort »Social Scoring«. Stichwort »Digital Gated Communitys«.[14] Die Beantwortung dieser Fragen sollten wir nicht allein Firmen aus dem Silicon Valley[15] oder China überlassen.

Regeln, Standards, Vertrauen – all das sind natürlich auch Themen, die Unternehmen intern aufgreifen müssen – besonders weil politische Gremien mit dem Tempo technologischer Entwicklungen in der Regel nicht mithalten und unternehmens- beziehungsweise branchenspezifische Fragen nicht beantworten können. Laut einer PWC-Umfrage

---

13 Derzeit entwickeln wir an meinem Lehrstuhl für eine deutsche Tageszeitung ein KI-System, das aus Texten per Knopfdruck Podcast generiert, gesprochen von der Stimme des jeweiligen Journalisten. Damit der Leser erkennen kann, dass dieser Podcast synthetisch hergestellt wurde, versehen wir ihn automatisch mit einem Fingerabdruck. Damit lässt sich beispielsweise feststellen, wenn das System zweckentfremdet wird und die Stimme etwas anderes sagt als gewollt.

14 Auf der Google I/O 2018 stellte Google-Chef Sundar Pichai einen Sprachassistenten vor, der echte Anrufe tätigen kann, zum Beispiel bei einem Restaurant einen Tisch reservieren oder bei einem Friseur einen Termin vereinbaren kann. Weder der Restaurantbesitzer noch der Friseur haben gemerkt, dass sie von einer Maschine angerufen wurden, so realistisch klang die Konversation. Auf Twitter wurde darüber diskutiert, ein interessanter und berechtigter Input: Was bedeutet es für die Gesellschaft, wenn wohlhabende Menschen nur noch über ihre digitalen Assistenten mit weniger wohlhabenden Menschen diskutieren? Entstehen dadurch zu den Gated Communitys in unseren Städten, in denen nur Betuchte wohnen, zusätzlich Digital Gated Communitys?

15 Schon vielfach wurde darüber diskutiert, wer bei Facebook, Google oder Apple die künstliche Intelligenz voranbringt: vornehmlich junge weiße Männer. Sie sehen die Welt durch eine ganz eigene Brille.

unter deutschen Unternehmen sehen 91 Prozent die »Implementierung von Sicherheit und Transparenz« bezüglich KI als Top-Priorität an[16] und stellen sich mal mehr, mal weniger intensiv den immens wichtigen Fragen: Wie können KI-Prozesse durch den Menschen kontrolliert werden? Wie schaffen wir Transparenz, was Lernfortschritt und Trainingsdaten betrifft? Wer wählt die Daten aus, wer trainiert? Wie bereits erwähnt: Die KI lernt selbstständig, und doch spielt der Faktor Mensch bei den meisten Schritten in der KI-Entwicklung eine wichtige Rolle. Es sind seine Daten, die der KI zur Verfügung gestellt werden. Und es ist seine Perspektive, die durch die KI reproduziert, automatisiert und durch wiederholte Anwendungen verstärkt wird. Wozu dies im Extremfall führen kann, zeigte der Chat-Bot Tay von Microsoft. Eigentlich sollte er mithilfe von Twitter lernen, mit jungen Menschen zu kommunizieren. Keine 24 Stunden später verfasste er neben allerlei Geplänkel auch rassistische, juden- und frauenfeindliche Kommentare.[17] Insofern: 91 Prozent sehen die Notwendigkeit, genauer hinzusehen. Wir müssen auf null Prozent kommen.

Doch ich bin zuversichtlich: Unternehmen werden das Thema ernster nehmen. Wenn nicht freiwillig, dann gezwungenermaßen. Anfang September 2019 fand in Paris zum 13. Mal die Konferenz der Principles for Responsible Investment (PRI) statt,[18] die weltweit führende Initiative für verantwortliches Investieren. Die Mitglieder – Kapitaleigner, Vermögensverwalter, Finanzdienstleister – verpflichten sich mit ihrer Unterschrift, bei Investitionsentscheidungen nicht mehr nur

---

16   PWC-Studie »Künstliche Intelligenz«, 2019.

17   Ein Grund, warum wir uns vor KI so fürchten, besteht darin, dass wir durch die KI uns selbst sehen. Mit all unseren Fehlern und Unzulänglichkeiten. Ein KI-System ist erst einmal neutral. Unser Input entscheidet, was aus ihm wird.

18   https://www.unpri.org

Umsatz und Gewinn eines Unternehmens oder Start-ups zu checken, sondern auch die Aspekte Environment, Social und Governance (ESG): Also inwiefern werden beispielsweise Emissionen und Ressourcenverbrauch reduziert, etwas gegen Klimawandel unternommen, Diversity und Gender Balance ernst genommen, Korruption und Arbeitsrechtsverletzungen bekämpft? Die Prinzipien sind verbindlich, wenn sie unterschrieben werden. Doch Beobachter attestieren nicht nur den PRI-Mitgliedern, sondern der Finanzbranche im Allgemeinen einen Wandel. Unterstützt werden nicht mehr nur erfolgreiche Unternehmen, sondern vor allem erfolgreiche Unternehmen, die auch noch gut sind. Und unter dieses »gut« wird früher oder später auch der verantwortungsbewusste Umgang mit KI und Daten fallen. Wir werden sicherlich noch ein paar Jahre darüber diskutieren, wie solch ein verantwortungsbewusster Umgang aussehen könnte. Wie ein Handlungskorridor aussehen könnte, um eine zügellose Datenwirtschaft, die nur dem Kapital verpflichtet ist, in eine soziale Datenwirtschaft zu überführen, die auch das Gemeinwohl im Blick behält. Gerade Deutschland mit seiner Sozialen Marktwirtschaft kann hier wichtige Impulse setzen.

AUTONOMES FAHREN … KOMMT

Es gibt hierzulande etliche Menschen in Wissenschaft, Politik und Wirtschaft, die das Thema KI sehr ernst nehmen. Aber es gibt auch etliche Menschen, die auf der »emotionalen Handbremse« stehen: Lasst uns lieber warten und so weitermachen wie bisher. Die momentane Ernüchterung, die sich selbst im Silicon Valley breitmacht, verstärkt das Ganze: Zu viel wurde zu schnell versprochen. Running Gag auf der diesjährigen Konferenz Computer Vision und Pattern Recognition (CVPR) in Long Beach, Kalifornien: »2017 heißt es: Autonomes Fahren kommt in drei Jahren. 2018 heißt es: Autonomes Fahren kommt in fünf Jahren. Heute heißt es: Autonomes Fahren kommt.« Es wäre ein großer Fehler, sich davon täuschen zu lassen. Auch wenn die anfängliche Euphorie einem gewissen Realismus gewichen ist: Forschung und Entwicklung laufen auf Hochtouren weiter, und die Gefahr, hier das Zepter aus der Hand zu geben, sein Mitspracherecht einzubüßen, ist riesig. **Die Zeit, eigene Standards zu setzen, Regeln zu definieren, sich starkzumachen für eine sichere und humane KI, ist jetzt.**[19]

---

19 Am 8. April 2019 hat die EU ihre »Ethic Guidelines für Trustworthy AI« veröffentlicht mit sieben Schlüsselanforderungen, darunter Sicherheit, Privatsphäre, Transparenz, Vielfalt, Nicht-Diskriminierung, gesellschaftliches und ökologisches Wohlergehen. Auch wenn sie Kritikern wie Thomas Metzinger, selbst Mitglied der 52-köpfigen Expert Group, nicht weit genug gehen: Es ist ein Anfang, eine Basis, ein Commitment, sich um die wichtigen Fragen bezüglich KI zu kümmern. https://ec.europa.eu/digital-single-market/en/news/ethics-guidelines-trustworthy-ai

EUROPA. DIE IDEE DER SOZIALEN MARKTWIRTSCHAFT STEHT AUF DEM PRÜFSTAND. DIE ARBEITEN DREIER JUNGER WISSENSCHAFTLER*INNEN SUCHEN NACH LÖSUNGEN, AUSGEZEICHNET MIT DEM FORSCHUNGSPREIS »SOZIALE MARKTWIRTSCHAFT«.

PETER EPPINGER
150 **GLOBALISIERUNG IST KEIN JOBKILLER**

CHRISTINA HERTEL
160 **DÖRFER SIND NICHT DEM TOD GEWEIHT**

SUSANNE VELDUNG
170 **EIGENWOHL UND GEMEINWOHL SIND KEIN GEGENSATZ**

150 **KONTINENT**

PETER EPPINGER 151
WIRTSCHAFTSWISSENSCHAFTLER, TÜBINGEN

für **GLOBALISIERUNG IST KEIN JOBKILLER**
DISSERTATION: »ESSAYS IN INTERNATIONAL TRADE AND GLOBAL PRODUCTION«

DIE WIRTSCHAFTLICHE GLOBALISIERUNG WIRD ZUNEHMEND KRITISCH GESEHEN, INSBESONDERE DIE VERLAGERUNG VON ARBEITSPLÄTZEN INS AUSLAND. SIE KOMMEN ZU EINEM ANDEREN ERGEBNIS.

Als ich 2013 mit meiner Dissertation angefangen habe, gab es noch keinen Donald Trump in den USA und keinen Matteo Salvini in Italien. Dass die Briten mehrheitlich für einen Brexit stimmen würden, hätte niemand für möglich gehalten, genauso wenig die aktuellen Handelskriege zwischen den USA, China und Europa. Angesichts von erstarkendem Nationalismus und Protektionismus hat das Thema »Außenhandel« in der Tat an Relevanz gewonnen. Insofern bin ich froh, dass die Ergebnisse meiner Dissertation hier Gegenargumente liefern – und ich empirisch nachweisen konnte, dass die Globalisierung kein Jobkiller ist. Service Offshoring hat in den vergangenen Jahren mehr Jobs in deutschen Unternehmen geschaffen als vernichtet.

KÖNNEN SIE DEN BEGRIFF »SERVICE OFFSHORING« ERKLÄREN?

Unternehmen verlagern nicht nur ihre Produktion ins Ausland, sondern zunehmend auch Dienstleistungen, die sie dann wiederum importieren. Das nennt man Service Offshoring. Ein klassisches Beispiel ist das Callcenter: Viele deutsche Unternehmen verlagern diese Organisationseinheit in die Türkei. Zunehmend sind aber auch die Bereiche Forschung & Entwicklung sowie IT betroffen. Das liegt mitunter an den bahnbrechenden Innovationen in den Informations- und Kommunikationstechnologien, wie Breitbandinternet, Cloud-Computing, Smartphone. Viele Dienstleistungen, die noch vor wenigen Jahren lokal erbracht werden mussten, sind heutzutage international handelbar.

HABEN SIE EIN BEISPIEL?

Großunternehmen verlagern beispielsweise ihre Robotikforschung nach China oder ihre Softwareentwicklung nach Bulgarien – dessen Hauptstadt Sofia wird bereits als Silicon Valley Europas gehandelt. In den USA schicken Ärzte sogar Röntgenbilder nach Indien, um sie dort auswerten zu lassen. Diese Entwicklung weckt natürlich Ängste unter deutschen Arbeitnehmern, denn plötzlich sind auch gut bezahlte und hochqualifizierte Jobs von der Verlagerung betroffen.

KÖNNEN SIE ZAHLEN NENNEN?

Zwischen 1985 und 2016 hat sich der internationale Dienstleistungshandel verdoppelt, sein Anteil am Welt-BIP lag vor drei Jahren bei sechs Prozent. Hört sich vielleicht nicht dramatisch an, doch meiner Meinung nach stehen wir ziemlich am Anfang. Es wird vermutlich weitere und größere Wellen von Service Offshoring geben. Dafür sprechen die hohe Innovationsrate im IKT-Sektor und neue politische Bemühungen, auch die recht hohen regulatorischen Barrieren für den internationalen Dienstleistungshandel abzubauen. Experten gehen davon aus, dass etwa 25 Prozent aller Arbeitsplätze in den USA potenziell verlagerbar sind, einschließlich vieler Dienstleistungsaktivitäten. Für Europa kann man von einer ähnlichen Größenordnung ausgehen.

WIE SIND SIE VORGEGANGEN, WELCHE DATEN HABEN SIE HERANGEZOGEN?

Ich habe für meine Analyse einen einzigartigen Datensatz für die Jahre 2001 bis 2013 zusammengestellt, der sich aus zwei Quellen speist: erstens die Mikrodaten der Deutschen Bundesbank. Sie umfassen den

Dienstleistungshandel deutscher Unternehmen nahezu vollständig und bilden ihn detailliert auf der Ebene von Unternehmen, Dienstleistungsarten und Partnerländern über die Zeit ab, sprich: Welches deutsche Unternehmen importiert welche Dienstleistungen aus welchem Land in welchem Jahr? Außerdem sehe ich in den Daten der Bundesbank auch die Beschäftigung und Löhne deutscher Unternehmen. Zweitens nutze ich Daten über Dienstleistungsexporte der Partnerländer: Welches Land exportiert welche Art von Dienstleistung in welchem Umfang in andere Länder? All diese Informationen habe ich genutzt, um mithilfe der Instrumentalvariablen-Strategie, eine ökonometrische Methode, die kausalen Beschäftigungseffekte von Service Offshoring zu schätzen.

WAS SIND DIE ERGEBNISSE?

Die Analyse liefert robuste Evidenz dafür, dass Service Offshoring die Beschäftigung in den verlagernden deutschen Unternehmen erhöht hat. Die geschätzten Elastizitäten betragen zwischen 6,0 und 7,6 Prozent, was bedeutet: Eine Erhöhung von Service Offshoring um zehn Prozent schafft in einem Unternehmen mit 1000 Mitarbeitern netto rund sechs bis acht neue Jobs. Ein Beispiel: Die Buchhaltung eines Automobilkonzerns mit 40 Mitarbeitern wird verlagert, dafür kommen 46 bis 48 neue Mitarbeiter hinzu – Softwareentwickler für Navigation und Infotainment etwa oder Ingenieure für die Produktion.

WIE LASSEN SICH DIESE ZUGEWINNE VON ARBEITSPLÄTZEN ERKLÄREN?

Durch die Verlagerung von Jobs sparen die Unternehmen Geld. Durch diese Einsparungen können sie wachsen und mehr investieren – in den Ausbau ihres Kerngeschäfts und damit in neue Jobs. Diesen Effekt nennt man auch Produktivitätseffekt. Anhand der Daten konnte ich sehen, dass dieser positive Nettoeffekt abhängig ist vom Offshoring-Volumen. Je mehr Jobs bereits ins Ausland verlagert wurden, desto mehr neue Jobs entstehen im Inland durch weiteres Service Offshoring – besonders wenn in Niedriglohnländer ausgelagert wird.

DIE JUROREN HABEN SIE POSITIV ÜBERRASCHT. HABEN SIE SELBST MIT DEM ERGEBNIS GERECHNET?

Es war bis dato eine völlig offene Frage, welche Auswirkungen Service Offshoring im Inland hat. Die kausalen Beschäftigungseffekte waren unklar, vor allem aufgrund der schlechten Datenlage und der Schwierigkeit, kausale Effekte zu identifizieren. Grundsätzlich hätte es mich auch nicht überrascht, wenn das Gegenteil herausgekommen wäre. Mir war zwar bewusst, dass es durch Jobverlagerungen zu Effizienzgewinnen kommt und Unternehmen aufgrund dessen wachsen und neue Jobs schaffen. Doch dass selbst der Nettoeffekt positiv ist, hätte ich so nicht unbedingt erwartet.

INWIEFERN WERDEN DIGITALISIERUNG UND KÜNSTLICHE INTELLIGENZ SERVICE OFFSHORING NOCH WEITER ANFACHEN BEZIEHUNGSWEISE ZURÜCKDRÄNGEN?

Eine gute Frage. Werden Unternehmen Jobs zukünftig nicht mehr ins Ausland verlagern, sondern von Robotern erledigen lassen – wie beispielsweise die Auswertung von Röntgenbildern? Wissenschaftlich kann ich diese Frage nicht beantworten. Doch wenn Sie mich nach meiner Meinung fragen, würde ich erwarten, dass Service Offshoring nicht obsolet werden wird. Die bisherige Forschung deutet darauf hin, dass sich die Vorteile neuer Technologien und der internationalen Arbeitsteilung eher gegenseitig verstärken, statt sich auszuschließen. Und letztlich stellt sich ja auch die Frage, in welchem Land die Roboter stehen. Das muss nicht unbedingt Deutschland sein.

GIBT ES AUCH SKEPSIS GEGENÜBER IHREN ERGEBNISSEN?

Ich denke, dass meine Arbeit höchsten wissenschaftlichen Ansprüchen genügt und eine der bis dato überzeugendsten Analysen von Service Offshoring liefert. Das wurde auch von Experten so bestätigt. Meine Arbeit wurde von drei Gutachtern der renommierten akademischen Fachzeitschrift *Journal of international Economics* geprüft und in diesem Jahr von den Herausgebern zur Veröffentlichung angenommen.

Doch natürlich gibt es grundsätzlich auch Skeptiker – und das ist gut so. Meine Arbeit zeigt zwar, dass deutsche Arbeitnehmer vom Dienstleistungshandel ihrer Unternehmen profitieren, zumindest was die Vergangenheit betrifft. Dennoch gibt es natürlich auch im Falle von Service Offshoring in Deutschland Globalisierungsverlierer. Ein verlagerter Job ist für den betroffenen Menschen ein verlorener Job. Da gibt es nichts zu beschönigen. Die Politik, die Wirtschaft und die Gesellschaft müssen diese Betroffenen im Blick behalten. Und durch Weiterbildung, Umschulung und lebenslanges Lernen dafür sorgen, dass die Menschen gewappnet und im Fall der Fälle für einen der neu geschaffenen Jobs qualifiziert sind.

WERDEN SIE DAS THEMA WEITERVERFOLGEN?

Mit Sicherheit. Aus den bisher vorhandenen Daten kann ich leider noch nicht herauslesen, welche neuen Jobs entstehen. Lediglich, dass

»DIE PRÄMIERTEN ARBEITEN ZEIGEN, DASS UNSERE WIRTSCHAFTS- UND GESELLSCHAFTSORDNUNG KEINE HISTORISCHE IDEE IST, SONDERN PERSPEKTIVEN FÜR DIE ZUKUNFT BIETET. BEI KEINER PREISVERLEIHUNG STANDEN SOZIALE FRAGEN UNSERER WIRTSCHAFTSORDNUNG SO SEHR IM MITTELPUNKT WIE DIESMAL.«

RANDOLF RODENSTOCK

sie sich auf demselben oder einem ähnlichen Lohnniveau befinden. Hier würde ich gerne in die Tiefe gehen. Das sollte in den nächsten Jahren anhand von neu verknüpften Daten auch möglich werden.

Grundsätzlich denke ich nicht, dass man die Globalisierung stoppen kann. Das Rad der Zeit zurückzudrehen ist weder eine praktikable noch eine sehr vielversprechende Option. Die allgemeinen Effizienzgewinne durch den Handel sind für die meisten Ökonomen und auch für einen großen Teil der Weltbevölkerung offensichtlich. Daher ist die wichtigste offene Frage nicht, wie man die Globalisierung aufhalten kann, sondern wie sie effizient und integrativ organisiert werden kann. Angesichts der Ergebnisse des letzten Jahrzehnts in Deutschland sollten wir nicht so skeptisch und ängstlich in die Zukunft blicken. Es gibt guten Grund für Optimismus. ●

Kurzfilm zur Arbeit: https://www.youtube.com/watch?time_continue=7&v=mn6ztDaSOpM

DAS SAGT DIE JURY:

»Die wissenschaftlichen Analysen von Peter Eppinger stärken jenen den Rücken, die sich für Freiheit, Freihandel und damit letztlich Frieden einsetzen. Denn Freihandel sorgt für weniger tödliche, kriegerische Auseinandersetzungen zwischen Demokratien und Handelspartner.

Das Ergebnis, das auch die Jury in seiner Eindeutigkeit positiv überrascht hat, sorgt für mediale Aufmerksamkeit. Gerade in Zeiten von Fake News und willkürlichen wirtschaftspolitischen Entscheidungen nicht nur des US-amerikanischen Präsidenten ist es wichtig, dass Wissenschaftler nicht nur klar normativ Stellung beziehen, sondern ihre Meinung auch mit Daten und Fakten unterfüttern können. Mit dem für viele kontraintuitiven Ergebnis, dass auch vom Offshoring einheimische Arbeitnehmer profitieren, wird die Debatte durch beeindruckende Daten wesentlich bereichert.

Letztlich gehört zu einem Wissenschaftspreis natürlich auch, dass die Beiträge in hochrangigen Zeitschriften publiziert wurden und somit den Nachweis erbringen, nicht nur relevant zu sein, sondern auch in der Scientific Community wertgeschätzt zu werden. Und da Eppinger dies gelungen ist, hat die Jury einstimmig entschieden, ihm die Goldmedaille zu überreichen für seine klare, evidenzbasierte Botschaft hinsichtlich der Globalisierung: Freihandel schafft Wohlstand und Arbeitsplätze – mehr als erwartet.« ●

Dominik H. Enste, Professor für Wirtschaftsethik, Verhaltensökonomik und Institutionenökonomik an der TH Köln. Zudem Geschäftsführer der IW Akademie und Leiter des Kompetenzfeldes »Verhaltensökonomik und Wirtschaftsethik« im IW Köln.

160 **KONTINENT**

CHRISTINA HERTEL 161
WIRTSCHAFTSWISSENSCHAFTLERIN, LAUSANNE

BER

für **DÖRFER SIND NICHT DEM TOD GEWEIHT**

DISSERTATION: »COMMUNITY-BASED ENTREPRENEURSHIP. TOWARD A LEGITIMATE RESEARCH DOMAIN«

IN GANZ EUROPA BLUTEN REGIONEN AUS, WIRTSHÄUSER VERFALLEN, DER DORFLADEN MIT POSTSTELLE HAT SICH SCHON LANGE VERABSCHIEDET. INSBESONDERE JUNGE MENSCHEN ZIEHEN WEG, VERLASSEN DAS LAND – AUCH WEIL SIE KEINE PERSPEKTIVEN SEHEN. SIE HABEN SICH AUF DIE SUCHE GEMACHT NACH LÖSUNGSANSÄTZEN UND SIND FÜNDIG GEWORDEN...

... in der Tat. Menschen auf dem Land werden zunehmend selbst aktiv und lösen ihre Probleme, indem sie sogenannte gemeinschaftsbasierte Unternehmen gründen, also Unternehmen, die von einer größeren Gruppe Menschen gemeinschaftlich gegründet und geführt werden. Einwohner, aber auch externe Interessenten, können Anteile an dem Unternehmen kaufen, und jeder trägt zur Gründung und Führung des Unternehmens bei: durch Expertenwissen, Arbeitskraft, Baustoffe – der Fantasie sind keine Grenzen gesetzt. Das Besondere ist aber, dass sie damit nicht nur ein bestehendes Problem unternehmerisch lösen, sondern gleichzeitig einen zusätzlichen ökonomischen, ökologischen oder sozialen Mehrwert für ihre Gemeinschaft, ihr Dorf oder ihre Region generieren.

INDEM SIE BEISPIELSWEISE EINEN NEUEN DORFLADEN GRÜNDEN...

... ein Bürger-Energieunternehmen oder auch eine Dorfwirtschaft. Das sind die Klassiker. Der Verlust einer Dorfwirtschaft, das hört sich zunächst lächerlich an – es gibt doch wohl wahrlich Schlimmeres! Aber oft ist die Gaststätte der einzige Ort in einem Dorf, an dem Menschen noch zusammenkommen, miteinander reden, sich austauschen und so Gemeinschaft erleben. Das ist es, was ein Dorf attraktiv macht und am Leben hält. Gemeinschaftsbasierte Unternehmen entstehen aber – und das ist das Schöne – auch in ganz anderen Bereichen, in der Landwirtschaft beispielsweise oder um Schwimmbäder, Kinos, Theater, ja sogar Bahnhöfe, Kellereien oder Kitas neu aufzubauen.

WELCHE ROLLE SPIELT IHR THEMA INNERHALB DER WIRTSCHAFTSWISSENSCHAFTEN?

Bis vor kurzem keine besonders große. Während die Forschung zu sozialem Unternehmertum in den vergangenen Jahren große Fortschritte gemacht hat und ihre Wichtigkeit inzwischen anerkannt wird, ist das Phänomen der gemeinschaftsbasierten Unternehmensgründungen noch weitgehend unerforscht und unbekannt. Doch das ändert sich gerade. Insbesondere aus England und den Niederlanden, zunehmend aber auch aus Afrika und Südamerika kommen wichtige Impulse. Insofern: Das Thema ist noch nicht in der Mitte der Wirtschaftswissenschaften angekommen, doch es ist auch kein nettes Hippie-Thema mehr, für das man sich rechtfertigen müsste. Neben der praktischen wird auch die theoretische Relevanz des Phänomens immer mehr anerkannt.

DAS HEISST, SIE RECHNEN MIT EINER ZUNAHME VON GEMEINSCHAFTSBASIERTEN UNTERNEHMEN?

Ja, unbedingt. Insbesondere der ländliche Raum steht vor etlichen wirtschaftlichen, sozialen und ökologischen Herausforderungen. Und viele dieser Probleme lassen sich eben nicht durch klassische Mechanismen lösen. Nehmen wir den Dorfladen: Wer füllt die Lücke, wenn der letzte Laden schließt, die Menschen vor Ort nicht mehr mit dem Nötigsten versorgt sind und die Attraktivität eines Dorfs extrem abnimmt?

Ein Einzelner wird sich nicht trauen, denn für ihn ist der finanzielle Druck durch große Ketten viel zu groß. Für die großen Player zählt nur Profit, sie eröffnen ihre Filiale lieber im nächstgelegenen Industriegebiet. Der Staat fühlt sich nicht zuständig, oder es fehlt schlicht und ergreifend an finanziellen Mitteln. Und ehrenamtliche Initiativen funktionieren zwar häufig kurzfristig, halten in der Regel aber nicht lange durch. ==Wir brauchen also neue, lokale Lösungsansätze, die auf dem gemeinschaftlichen Handeln der Bürger selbst basieren.== Das Gute: Die Zeit ist reif für solche Lösungen. Menschen sehen nicht nur die Notwendigkeit, dass etwas passieren muss, sie sehnen sich auch immer mehr danach, Teil einer lokalen Gemeinschaft zu sein und sich aktiv einzubringen.

SIE HABEN ETLICHE GEMEINSCHAFTSBASIERTE UNTERNEHMEN BESUCHT. WAS HAT SIE AM ALLERMEISTEN FASZINIERT, WAS IST DAS BESONDERE?

Es ist vor allem diese Kombination aus gemeinschaftlichem Handeln und Solidarität gepaart mit Unternehmergeist und Wettbewerbsfähigkeit. Gemeinschaftsbasierte Unternehmen haben Zugang zu Ressourcen, die anderen Unternehmensformen verwehrt bleiben: Eine große Anzahl an Privatpersonen bringt ein, was möglich ist, die finanzielle Last wird auf viele Schultern verteilt. So können sie niedrigere Renditen akzeptieren und haben eine deutlich größere Widerstandsfähigkeit, weil interne und externe Krisen gemeinschaftlich abgepuffert werden können. Im Gegensatz zu ehrenamtlichen Initiativen tragen sie sich – zumindest mittel- oder langfristig – selber. Zudem erzielen gemeinschaftsbasierte Unternehmen eine deutlich höhere Beteiligung aus der breiten Bevölkerung als viele staatliche Maßnahmen. Und da sie von innen heraus entstehen, haben sie ein höheres Verständnis der

Probleme und lokalen Gegebenheiten und können somit effektivere Lösungen entwickeln und durchsetzen. Am tollsten finde ich aber, dass aus der Gründung eines solchen Unternehmens meist viele weitere lokale Projekte entstehen. Ein Projekt schiebt das nächste Projekt an.

HABEN SIE EIN BEISPIEL?

Der Dorfladen in Farchant bei Garmisch-Partenkirchen. Er existiert seit fünf Jahren, im Januar wurde er auf der Grünen Woche in Berlin als Dorfladen des Jahres ausgezeichnet. Für viele Bewohner ist er mittlerweile die zentrale Anlaufstelle im Dorf, nicht nur um einzukaufen, sondern auch um zu Mittag zu essen, Kaffee zu trinken und andere Menschen zu treffen, sich auszutauschen. 75 Prozent aller Produkte kommen aus der unmittelbaren Umgebung. Mittlerweile wird im Dorf auch wieder Käse produziert, Bauern vermarkten gemeinsam ihr Fleisch. Gerade werden die Pläne für ein neues gemeinschaftsbasiertes Unternehmen geschmiedet, welches die ganze Region Garmisch-Partenkirchen autark mit landwirtschaftlichen Erzeugnissen versorgen will. Durch all diese Projekte wird die heimische, nachhaltige Landwirtschaft gestärkt, es entstehen Arbeitsplätze, junge Menschen erhalten eine Perspektive. Das Leben auf dem Land wird plötzlich wieder richtig attraktiv.

WAS SIND DIE VORAUSSETZUNGEN, DAMIT ES GUT KLAPPT? KÖNNEN GEMEINSCHAFTSBASIERTE UNTERNEHMEN ÜBERALL ENTSTEHEN?

Besonders wichtig ist ein Identitätsgefühl innerhalb der lokalen Gemeinschaft. Das muss vorhanden sein. Je mehr sich die Mitglieder mit ihrem Dorf, ihrer Region identifizieren, desto wahrscheinlicher ist es, dass sie zum einen das Gefühl entwickeln, gemeinsam etwas bewirken zu können, und dann zum anderen auch bereit sind, persönliche Ressourcen zu investieren und langfristig am Ball zu bleiben. Leider existiert ein solches Identitätsgefühl heute nicht mehr in allen lokalen Gemeinschaften, Einheimische ziehen weg, Menschen von auswärts kommen dazu, da fehlt es dann an Kontinuität und gemeinsamer Geschichte.

EIN STARKES WIR-GEFÜHL WIRD VERMUTLICH NICHT AUSREICHEN, WAS BRAUCHT ES NOCH?

Gemeinschaftsbasierte Unternehmen entstehen oft erst bei einer akuten Bedrohung, also beispielsweise dann, wenn das letzte Wirtshaus im Dorf nicht nur schließt, sondern abgerissen und der Baugrund an einen externen Investor verkauft werden soll. Zudem muss es natürlich eine Handvoll Menschen geben, die die Sache in die Hand nehmen und die Verantwortung übernehmen. Ist ein Projekt erst mal am Laufen, ist externe Anerkennung sehr hilfreich, beispielsweise durch eine Preisverleihung oder Berichterstattung in den Medien. Da der direkte Vergleich mit anderen Dörfern, die ein ähnliches Projekt erfolgreich umgesetzt haben, sehr motivierend wirkt, könnten Plattformen zum Austausch, aber auch Wettbewerbe förderlich sein. Interessanterweise wirkt sich auch das Gefühl, vom Staat und der Gemeinde im Stich gelassen zu werden, positiv auf die Gründung aus. Es fördert den Ehrgeiz der Bürger, selber eine Lösung zu finden und es »denen da schon zu zeigen«. Der Staat muss also seine Fördermechanismen so gestalten, dass sie nicht das durch Selbstbestimmung und eigene Wirkkraft entstandene Momentum kompromittieren.

DAS BEDEUTET, GELD VOM STAAT ODER DER GEMEINDE FÜHRT NICHT ZWANGSLÄUFIG ZU ERFOLG. KÖNNEN GEMEINSCHAFTSBASIERTE UNTERNEHMEN TROTZDEM VON AUSSEN GEFÖRDERT WERDEN?

Ich würde eher sagen: *Mehr* Geld vom Staat führt nicht zwangsläufig zu *mehr* Erfolg. Eine Anschubfinanzierung ist sicherlich hilfreich, wobei sich zeigt, dass es sinnvoller sein kann, das Geld den wichtigsten lokalen Initiatoren zu geben, damit sie zumindest in der anstrengenden Startphase ihren Hauptjob zurückfahren können. 12 bis 18 Monate dauert es in der Regel, bis sich ein Unternehmen etabliert hat, die Gefahr, in einen Burn-out zu rutschen – insbesondere wenn man weiterhin voll arbeiten muss –, ist riesig. Eine weitere Möglichkeit für Gemeinden, solche Unternehmen zu unterstützen, ohne sich zu sehr einzumischen, ist es, den Unternehmen Immobilien kostenlos oder zu einer moderaten Miete zu überlassen.

Wichtig sind auch Beratungen und Coachings. Jedoch sollten sie sich nicht wie bislang ausschließlich auf betriebswirtschaftliche Aspekte konzentrieren. Wie man Regale am besten nutzt und Preise kalkuliert, ist wichtig. Doch noch viel wichtiger sind Fragen zum Community-Building, also wie schweißt man eine Gruppe von Menschen, die oft aus sehr unterschiedlichen Bereichen kommen, zu einer starken Gemeinschaft zusammen? Beispielsweise durch gemeinsame Rituale, das gemeinsame Feiern von Etappenerfolgen oder die Entwicklung von Symbolen und Artefakten wie Logos, T-Shirts oder Liedern. Meiner Meinung nach ist das immens wichtig, damit die Motivation und das Engagement nach der Anfangseuphorie nicht nachlassen und die Gruppe nicht auseinanderfällt. Ein weiterer Punkt, an dem noch justiert werden könnte, sind die Fördertöpfe, die von staatlicher Seite zur Verfügung stehen: Meist sind die Bewerbungsverfahren viel zu kompliziert und zeitaufwendig, das Erfüllen der Anforderungen ist für kleinere Unternehmen oft schier unmöglich, und die Gelder sind nicht flexibel genug einsetzbar, um wirklich hilfreich zu sein.

FUNKTIONIEREN GEMEINSCHAFTSBASIERTE UNTERNEHMEN AUCH IN STÄDTEN?

Dazu gibt es bisher wenige wissenschaftliche Untersuchungen. Basierend auf den Erkenntnissen meiner eigenen Arbeit befürchte ich leider, dass sich das Konzept nicht ganz so einfach auf Städte oder Stadtviertel übertragen lässt. Insbesondere weil der immens wichtige Punkt »Identifizierung« im urbanen Kontext viel weniger gegeben ist: Leute kommen, Leute gehen – die wenigsten identifizieren sich wirklich mit dem Viertel, in dem sie wohnen. Hinzu kommen die vielen Alternativen, die eine Stadt zu bieten hat. Wenn eine Kneipe schließt, ziehen die Menschen einfach ein Haus weiter oder fahren ins angrenzende Viertel. Wir sehen jedoch auch in Städten diese Sehnsucht nach Gemeinschaft und immer mehr Städter interessieren sich für gemeinschaftliche Konzepte wie solidarische Landwirtschaft oder Bürgerenergie. ●

Kurzfilm zur Arbeit: https://www.youtube.com/watch?v=RfoEq8M1s4g

CHRISTINA HERTEL

DÖRFER SIND NICHT DEM TOD GEWEIHT

DAS SAGT DIE JURY:

»In unserer digitalen Welt scheinen Distanzen irrelevant geworden zu sein. Wer zum Beispiel mit einem Australier Kenntnisse austauschen will, kann dies in einem Bruchteil von Sekunden tun und in ebenso kurzer Zeit eine Antwort erhalten. Noch vor wenigen Jahren hat das Gleiche Wochen gedauert. Entsprechend ist die globale Wirtschaft und Gesellschaft in aller Munde und wird als dominant angesehen. Hertel legt in ihrer Dissertation im Gegenteil das Gewicht auf das Lokale. Sie befindet sich damit im Einklang mit modernen empirischen Forschungsergebnissen. Dort zeigt sich, dass Zugehörigkeit zu einer lokalen Einheit wichtig ist. In vielen Regionen und Ländern droht die Beziehung zu lokalen Einheiten sich zu verlieren oder ist bereits verloren gegangen. Die Forschung von Hertel untersucht, wie ein gemeinschaftsbasiertes Unternehmen diese lokale Orientierung unterstützen kann, wobei sowohl aktive als auch passive Beteiligungsformen berücksichtigt werden. Die Führungspraktiken müssen sich in Richtung eines kooperativen Stils bewegen. Damit wird im Vergleich zu den heutigen Aktiengesellschaften eine neue Art von Managern benötigt. Selbstverantwortung, Solidarität und Innovationskraft stehen im Vordergrund. Damit wird auch eine Alternative zur herrschenden, dauernd zunehmenden Bürokratisierung in Wirtschaft und Gesellschaft propagiert.

Hertels Vortrag ist klar, das Thema relevant und die Argumente klug. Zudem kommt die Wissenschaftlerin ohne Anglizismen aus. Eine rundum gelungene Arbeit und Präsentation.« ●

Bruno S. Frey, ständiger Gastprofessor für Politische Ökonomie an der Universität Basel und Forschungsdirektor am Center for Research in Economics (CREMA), Zürich.

170 **KONTINENT**

BRO

SUSANNE VELDUNG 171
WIRTSCHAFTSWISSENSCHAFTLERIN, WÜRZBURG

NZE

für **EIGENWOHL UND GEMEINWOHL SIND KEIN GEGENSATZ**

DISSERTATION: »CONSCIOUS CAPITALISM. VERANTWORTUNGSBEWUSSTE UNTERNEHMENS- UND MARKENFÜHRUNG«

IN ZEITEN, IN DENEN MENSCHEN ZUNEHMEND IHR VERTRAUEN IN UNTERNEHMEN UND MARKEN VERLIEREN, BESCHÄFTIGEN SIE SICH MIT CONSCIOUS CAPITALISM? WAS STECKT HINTER DEM BEGRIFF?

Darf ich ein wenig ausholen?

NATÜRLICH.

Wir hatten in den vergangenen Jahren nicht nur etliche Skandale, die Lehman-Brother-Pleite 2008 war nur eine von vielen. Zu dem Vertrauensverlust gegenüber der Wirtschaft gesellt sich auch ein tiefgreifender gesellschaftlicher Werte- und Bewusstseinswandel, insbesondere unter den Millennials, auch Generation Y genannt. Sie erwarten mehr als ausschließlich monetäres und materielles Wachstum, insbesondere Frauen involvieren sich in diesen Themenfeldern. Für Unternehmen ist diese Zielgruppe zwischen 22 und 37 Jahren sehr wichtig, nicht nur als Kunden, sondern auch als Mitarbeiter. Insofern erstaunt es nicht, dass zunehmend Führungs- und Managementansätze an Bedeutung gewinnen, die zeigen, wie ökonomische Gewinne sowie sozialer und ökologischer Mehrwert miteinander verbunden werden können. Kurz könnte man sagen: ==Es geht um die Verzahnung von Eigenwohl und Gemeinwohl.== Die Conscious-Capitalism-Philosophie von John Mackey, Gründer der US-amerikanischen Bio-Supermarktkette Whole Foods Market, und Rajendra Sisodia, US-amerikanischer Professor für Marketing, ist so ein holistischer und integrativer Ansatz. Er setzt sich zusammen aus den vier Säulen Higher Purpose, Stakeholder Orientation, Conscious Leadership und Conscious Culture.

SUSANNE VELDUNG
EIGENWOHL UND GEMEINWOHL SIND KEIN GEGENSATZ

KÖNNEN WIR DIE VIER SÄULEN KURZ DURCHGEHEN?

Higher Purpose bedeutet, dass das Unternehmen existiert, weil es einen höheren Zweck als Gewinnmaximierung verfolgt. Dieser orientiert sich an den menschlichen Idealen und soll einen Nutzen für die Gemeinschaft schaffen. Stakeholder Orientation legt fest, dass die Bedürfnisse der Mitarbeiter, der Kunden, der Lieferanten, aber auch der Gesellschaft als Ganzes und der Umwelt stets im Mittelpunkt stehen. Conscious Leadership und Conscious Culture verdeutlichen, dass Vorstand, Management und Mitarbeiter dafür Sorge tragen müssen, dass das Unternehmen ein Ort ist, an dem es neben Geldverdienen auch um Leidenschaft, Fürsorge, Mitgefühl und Empowerment geht. Jeder ist verantwortlich und trägt zum großen Ganzen bei.

FÜR IHRE ARBEIT HABEN SIE ZWEI BIO-SUPERMARKTKETTEN UNTERSUCHT: ALNATURA IN DEUTSCHLAND UND WHOLE FOODS MARKET IN DEN USA – SIE ERWÄHNTEN BEREITS, DESSEN GRÜNDER JOHN MACKEY STECKT HINTER DEM MANAGEMENTANSATZ CONSCIOUS CAPITALISM. SIND DIESE BEIDEN UNTERNEHMEN GUTE BEISPIELE FÜR EINE HOLISTISCHE UND INTEGRATIVE UNTERNEHMENSKULTUR?

Diese Meinung vertrete ich in der Tat. Natürlich funktioniert nicht alles wie nach Lehrbuch, nicht alles läuft perfekt. Manche Entscheidung oder Aktion, die den Medien zu entnehmen ist, mag nicht ganz zu Alnaturas Higher Purpose »Sinnvoll für Erde und Mensch« passen. Doch in vielen anderen Punkten ist Alnatura sehr gut. Dasselbe gilt für Whole Foods Market.

ZUM BEISPIEL?

Man merkt, dass bei Alnatura sowohl Management als auch Mitarbeiter davon überzeugt sind, dass sie einen Mehrwert schaffen für Mensch und Natur. Jedem ist klar, für was das Unternehmen steht: sinnvolle Lebensmittel. So wird bei der Produktentwicklung auf möglichst vollwertige Zutaten und schonende Verarbeitung der Rohstoffe geachtet. Nur was wirklich nötig ist, kommt in die Produkte rein. Ein unabhängiges Expertenteam begleitet das Unternehmen seit seiner Gründung. Zudem stellt der Arbeitskreis Qualität, kurz AQua, jede Produktidee kritisch auf den Prüfstand. Weißer Zucker steht genauso auf der No-go-Liste wie künstliche Farbstoffe, Schwefel, chemisch gehärtete Fette und Gentechnik. In Mitarbeiter-Rankings schneidet das Unternehmen überdurchschnittlich gut ab.

WIE SIEHT ES MIT DEM UMSATZ AUS?

Das Geschäftsjahr 2017/2018 hatte Alnatura einen Umsatz von 822 Millionen Euro netto, gegenüber dem Vorjahr ist das ein Plus von 6,8 Prozent. Über den Gewinn hält sich das Unternehmen traditionell bedeckt, angeblich ist er aber auch gestiegen.

WHOLE FOODS MARKET GEHÖRT SEIT MITTE 2017 DEM ONLINE-VERSANDHÄNDLER AMAZON. WIE PASST DAS ZUSAMMEN? IN DER PRESSE GIBT ES DAZU UNTERSCHIEDLICHE REAKTIONEN.

Ich würde mir nicht anmaßen, hier eine endgültige Bewertung abzugeben. Zumal wir nicht vergessen dürfen, dass Unternehmen unter anderem auf dem amerikanischen Markt einem enormen Druck von

Investorenseite ausgesetzt sind – besonders wenn es zwischendurch finanziell nicht so gut läuft. Ein aggressiver Investor hat Whole Foods Market besonders schwer zugesetzt, ein Verkauf war letztlich unvermeidbar. Eines der Ziele von Mackey war es immer, Menschen gut zu ernähren. Mithilfe von Amazon konnte er seine Bemühungen weiter vorantreiben, die Logistik wurde verbessert, Preise gesenkt. Für Prime-Mitglieder gibt es Extraangebote und kostenlosen Lieferdienst: online bestellen, zwei Stunden später steht die Ware vor der Tür. Das spricht auch neue Kundengruppen an.

Ob Amazon das Wohl der Kunden jedoch nach und nach über das Wohl der Mitarbeiter und Lieferanten stellen wird, muss man sehen. In Interviews gibt sich Mackey stets begeistert, doch er sagt auch, dass es hätte sinnvoll sein können, Whole Foods Market in eine Benefit Corporation zu überführen – seit einiger Zeit eine neue Rechtsform in den USA. Dadurch hätte sich Whole Foods Market eventuell vor gierigen Investoren besser schützen können.

WIE SIND SIE AN DIE INFORMATIONEN ÜBER DIE BEIDEN UNTERNEHMEN GEKOMMEN? WIE KONNTEN SIE ÜBERPRÜFEN, WIE GUT SIE IN BEZUG AUF HIGHER PURPOSE, STAKEHOLDER ORIENTATION, CONSCIOUS LEADERSHIP UND CONSCIOUS CULTURE PERFORMEN?

Ich habe zum einen interne Quellen genutzt wie Homepage und Social Media, zum anderen externe Quellen wie Artikel und Befragungen in Zeitschriften, Journals, Onlinemagazinen und Bewertungsplattformen. Zudem habe ich 442 Studierende des Fachbereichs Wirtschaft der Universität Würzburg befragt, welchen Eindruck sie von Alnatura haben – auch im Vergleich zu Edeka und Lidl. In allen vier Säulen hat Alnatura besser abgeschnitten.

DASS KUNDEN VON BIOSUPERMÄRKTEN WERT LEGEN AUF UMWELT, NACHHALTIGKEIT UND SOZIALE VERANTWORTUNG, ERSCHEINT NAHELIEGEND. GIBT ES BEISPIELE AUS ANDEREN BRANCHEN?

Den US-amerikanischen Outdoor-Ausstatter Patagonia beispielsweise. Das Unternehmen ist erfolgreich, obwohl es hochpreisige Outdoor-Kleidung verkauft und konsumkritische Kampagnen fährt, die den Kunden einschärfen, so wenig wie möglich zu kaufen. Das deutsche Pendant dazu wäre Vaude, das Unternehmen arbeitet seit Jahren glaubwürdig daran, die gesamte Produktpalette Schritt für Schritt maximal umweltfreundlich und fair herzustellen. In einer Gemeinwohlbilanz hält das Unternehmen fest, welchen Beitrag es für die Gesellschaft, die Stakeholder und für die Umwelt leistet. Grundsätzlich kann jedes Unternehmen, ganz gleich wie groß und wie alt es ist, Grundbausteine von Conscious Capitalism implementieren. Einfacher gelingt es jedoch jungen Unternehmen, die von Anfang an ihre Werte und Überzeugungen in die Unternehmens-DNA einflechten.

WAS IST DER UNTERSCHIED ZU CORPORATE RESPONSIBILITY?

Beide Konzepte sind im Kern darauf ausgerichtet, einen gesellschaftlichen Beitrag zu leisten beziehungsweise soziale Verantwortung zu übernehmen. Dennoch versuchen sich Mackey und Sisodia von dem Corporate-Social-Responsibility-Begriff zu differenzieren. Nicht selten wird Corporate Social Responsibility als Zusatz zur eigentlichen Geschäftstätigkeit gesehen und in einer eigenen, separaten Abteilung behandelt – insbesondere mit dem Ziel, Reputationsgewinne zu realisieren. Zum Beispiel durch Spenden an gemeinnützige Organisationen oder soziale Projekte. Das traditionelle Geschäfts- und Führungsmodell wird dadurch nicht angetastet. Mit ein Grund, warum Corporate-Social-Responsibility-Aktionen Gefahr laufen, als Greenwashing empfunden zu werden.

WELCHEN EINFLUSS BESITZT DIE DEBATTE UM CONSCIOUS CAPITALISM IM DEUTSCHSPRACHIGEN RAUM?

Die meisten Veröffentlichungen zum Thema Conscious Capitalism sind nach wie vor auf Englisch. Und auch die meisten Unternehmensbeispiele, die genannt werden, kommen aus den USA. Insofern hat die Debatte über Conscious Capitalism hierzulande noch keine sehr große Basis. Bekannter ist eventuell der Creating-Shared-Value-Ansatz von Michael E. Porter, einem der bedeutendsten Managementtheoretiker aus den USA. Doch es tut sich etwas. Seit 2018 gibt es jedes Jahr die Conscious Capitalism European Conference. Letztes Jahr fand sie in Barcelona statt, dieses Jahr in Berlin.

WELCHEN WERT HAT DER CONSCIOUS-CAPITALISM-ANSATZ FÜR DIE SOZIALE MARKTWIRTSCHAFT?

Ich denke, dass Unternehmen sich bewusst sind, dass sie etwas gegen den steigenden Vertrauensverlust aufseiten der Konsumenten tun müssen. Missstände kommen durch Social Media schneller ans Tageslicht, der Reputationsverlust ist mitunter immens. Mit Lippenbekenntnissen lässt sich die Öffentlichkeit nicht abspeisen, sie erwartet nachhaltige und glaubhafte Lösungen. Conscious Capitalism liefert Inspiration und Instrumente, um sein Unternehmen auf den Prüfstand zu stellen und neu auszurichten. Jedes Unternehmen, das sich auf den Weg macht, stärkt nicht nur das eigene Fundament, sondern auch das der sozialen

Marktwirtschaft. Edward Freeman, ein US-amerikanischer Philosoph und Professor für Betriebswirtschaftslehre, sagt: »We need red blood cells to live, but the purpose of life is more than to make red blood cells.« Das lässt sich auf die Wirtschaft sehr gut übertragen. Profit ist wichtig, um zu überleben. Doch Profit kann nicht der alleinige Zweck sein. Es muss um mehr gehen. •

Kurzfilm zur Arbeit: https://www.youtube.com/watch?v=FUUt8yxTkaM&t=14s

DAS SAGT DIE JURY:

»Freiheit und Verantwortung, das ist die Klammer von Susanne Veldungs Arbeit. Die Freiheit des Unternehmers steht für sie außer Frage, sie ist und bleibt bis heute der Motor einer funktionsfähigen sozialen Marktwirtschaft. Doch diese Kreativität des Unternehmers bedarf zugleich der gewissenhaften Unternehmensführung, also einer Unternehmensführung, die dem Gewissen verpflichtet ist. Veldung spricht hier von Conscious Capitalism und Doing Well by Doing Good. Man mag einwenden, dass hier nur neue, hippe Begriffe über alte Ideen gelegt werden. Ich denke jedoch, dass eine solche Kritik verfehlt ist. Die soziale Marktwirtschaft braucht immer wieder ein attraktives Wording, um Zugang zu Wirtschaft und Gesellschaft oder kurz: zu den Menschen zu finden. Insbesondere weil diese enge Verzahnung von unternehmerischem Geist und verantwortungsvollem Business heute relevanter denn je ist. Insofern ist die Arbeit von Veldung hochaktuell und zeichnet sich durch konzeptionelle Sorgfalt und hohes wissenschaftliches Niveau aus.« •

Nils Goldschmidt, Professor für Kontextuale Ökonomik und ökonomische Bildung an der Universität Siegen.

DER ROMAN HERZOG FORSCHUNGSPREIS
SOZIALE MARKTWIRTSCHAFT

WER KANN TEILNEHMEN?
Wissenschaftler unter 40 aus allen Disziplinen. Möglich sind sowohl Selbstbewerbungen als auch Vorschläge von Fakultäten und Instituten.

WAS IST GEFRAGT?
Dissertation oder Habilitation auf Deutsch oder Englisch, die nicht älter als drei Jahre ist. Sie sollte sich mit einer der zentralen ordnungspolitischen Fragestellungen auseinandersetzen und wichtige wissenschaftliche Ansätze zur Weiterentwicklung des Erfolgsmodells soziale Marktwirtschaft liefern.

WAS BRINGT PLUSPUNKTE?
Umsetzbarkeit und Praxisnähe der Forschungsergebnisse. Und da sich das Roman Herzog Institut der Interdisziplinarität besonders verpflichtet fühlt: ein Blick über die eigene Fachgrenze hinaus.

WIE IST DER ABLAUF?
Eine Jury prüft die eingereichten Arbeiten und wählt sieben aus. Deren Verfasser werden nach München geladen, um ihre Arbeit zu präsentieren. Die drei Gewinner werden kurz darauf verkündet. Die Siegerehrung findet ebenfalls in München statt.

WER SITZT IN DER JURY?
Sie setzt sich zusammen aus den Mitgliedern des wissenschaftlichen Beirats des RHIs, verschiedenste Fachgebiete sind vertreten, unter anderem durch Prof. Dr. Werner Abelshauser, Forschungsprofessor für Wirtschafts- und Sozialgeschichte an der Universität Bielefeld, Stefan Hradil, Professor für Soziologie an der Johannes Gutenberg Universität Mainz und Dieter Frey, Professor für Sozial- und Wirtschaftspsychologie an der Ludwig-Maximilians-Universität München.

WANN IST EINSENDESCHLUSS?
Jedes Jahr am 31. Dezember.

WIE HOCH IST DAS PREISGELD?
Mit 35 000 Euro ist der RHI-Forschungspreis eine der höchstdotierten Auszeichnungen, die in den Wirtschafts- und Sozialwissenschaften verliehen werden. Der Gewinner des ersten Preises erhält 20 000 Euro, 2. Preis 10 000 Euro, 3. Preis 5000 Euro.

WER STEHT DAHINTER?
Gefördert und unterstützt wird der Roman Herzog Forschungspreis Soziale Marktwirtschaft von der Vereinigung der Bayerischen Wirtschaft (vbw).

180 DEUTSCHLAND: KANN EIN BEDINGUNGSLOSES GRUNDEINKOMMEN DIE SOZIALEN FOLGEN DES DIGITALEN WANDELS ABFEDERN?

THOMAS STRAUBHAAR
182 **PRO**

GEORG CREMER
194 **CONTRA**

208 **7 X BGE ZUM NACHDENKEN**

LAND 181

182 **LAND**

PRO
BEDINGUNGSLOSES
GRUNDEINKOMMEN

THOMAS STRAUBHAAR 183
VOLKSWIRT, HAMBURG

denn **DIE FUNDAMENTE DES SOZIALSTAATS SIND MORSCH**

Roboter werden in Verbindung mit Automaten, unbemannten Drohnen, digitalen Assistenzsystemen und künstlicher Intelligenz immer mehr Aufgaben erledigen – und das 24/7 rund um die Uhr, unermüdlich und ohne Zuschlag für Nacht- oder Sonntagsarbeit. Nicht nur standardisierte Arbeiten am Fließband, an Supermarktkassen oder im Büro werden verschwinden, auch qualifiziertere Berufe wie Lokführer, Versicherungsmakler, Buchhalter oder Steuerberater.

Die Digitalisierung bietet damit die historische Chance, Arbeit neu zu denken. Arbeitslosigkeit weniger als Ergebnis individuellen Scheiterns zu sehen, sondern mehr als Zeichen technischen Erfolgs. Nicht als ungewollte Konsequenz einer hoffnungslosen Volkswirtschaft auf dem abschüssigen Weg in die Armut. Sondern als Errungenschaft einer hocheffizienten Automatisierung, die es Menschen erlaubt, einen immer größer werdenden Anteil ihrer Lebenszeit nach eigenen Vorstellungen zu gestalten. Eine an sich paradiesische Entwicklung!

Die Arbeitswelt der Zukunft setzt aber zwangsläufig einen Sozialstaat unter Druck, der hauptsächlich aus Lohnbeiträgen von Beschäftigten gespeist wird – nicht mehr menschliche Arbeit, sondern die Wertschöpfung von Daten und Algorithmen sollte im 21. Jahrhundert zum Strom werden, aus dem der Sozialstaat zu finanzieren ist. Zudem gesellt sich zur Digitalisierung der demografische Wandel. Erstere verkürzt die Arbeitszeit, letzterer verlängert die Lebenserwartung. Zusammen bewirken sie, dass die Erwerbszeit einen geringeren, Freizeit und Ruhestand einen größeren Stellenwert im Leben eines Menschen erhalten werden. Dies macht die Neuorientierung einer Arbeitsgesellschaft erforderlich, in der bisher galt, dass Arbeit alles und ohne Arbeit alles nichts ist.

Es gibt zwei Möglichkeiten, auf die gewaltigen Veränderungen von Digitalisierung und demografischem Wandel zu reagieren: Die einen wollen die neue Welt passend machen für ein altes System der sozialen

Absicherung. Sie möchten an einem Sozialstaatsmodell festhalten, dessen Pfeiler im 19. Jahrhundert von Bismarck eingerammt wurden. Die anderen streben danach, den alten Sozialstaat der neuen Lebenswirklichkeit des 21. Jahrhunderts anzupassen. Sie wollen die Voraussetzungen dafür schaffen, dass künftige Generationen von den gewaltigen Chancen des 21. Jahrhunderts bestmöglich profitieren können. Das bedingungslose Grundeinkommen erfüllt genau diese Forderung nach einem radikalen Perspektivenwechsel der Politik in einem sich ebenso radikal verändernden Alltag.

Das im Folgenden vorgestellte Konzept eines Grundeinkommens ist im Kern nichts anderes als eine fundamentale Steuerreform. Es orientiert sich am Konzept einer negativen Einkommensteuer, wie sie bereits vom liberalen Nobelpreisträger Milton Friedman[1] vorgeschlagen wurde. Wo das Existenzminimum liegt und wie hoch demgemäß das Grundeinkommen sein müsste, ist eine politisch zu entscheidende Frage und soll an dieser Stelle nicht diskutiert werden. Es geht darum, die grundsätzliche Funktionsweise eines bedingungslosen Grundeinkommens zu erklären, seine Wirkung nachzuvollziehen und anhand einer exemplarischen Überschlagsrechnung zu veranschaulichen, wie ein bedingungsloses Grundeinkommen aussehen könnte. Im Folgenden nun die wichtigsten Punkte:

- Der Staat zahlt allen Bürgern – vom Säugling bis zum Greis – lebenslang Monat für Monat eine in Höhe des Existenzminimums liegende Transferleistung, die aus dem allgemeinen Staatshaushalt über Steuern finanziert wird. Ohne Bedingung, ohne Gegenleistung, ohne Antrag, ohne bürokratischen Aufwand.

---

1 Milton Friedman: *Capitalism and Freedom*. Chicago 1962.

- Für Kinder kann ein niedrigeres, für Menschen mit physischer oder psychischer Beeinträchtigung ein höheres Grundeinkommen ausbezahlt werden.

- Im Ausland lebende deutsche Staatsangehörige behalten ihren vollen Anspruch und erhalten das Grundeinkommen unbesehen des neuen Wohnsitzlandes weiterhin ausbezahlt. Bei Zugewanderten oder Eingebürgerten wäre es sinnvoll, die Fortzahlung des Grundeinkommens bei Auswanderung an die vorher in Deutschland verbrachte Lebenszeit zu koppeln. Das volle Grundeinkommen erhält dann beispielsweise nur, wer vorher 30 Jahre in Deutschland gelebt hat.

- Um Missbrauch und Sozialtourismus zu verhindern, bekommen Einwandernde nicht sofort, sondern erst nach einer längeren Wartezeit und sukzessive in Abhängigkeit der legalen Aufenthaltsdauer in Deutschland das volle Grundeinkommen.

- Das Grundeinkommen erhalten alle steuerfrei und unabhängig von selbst erwirtschaftetem Einkommen. Wem die Lebensqualität auf Höhe des Existenzminimums nicht genügt, muss selbstverantwortlich durch eigene Anstrengung Einkommen erwerben. Dabei gilt auch weiterhin: Wer Einkommen erzielt, bezahlt Steuern.

- Das bedingungslose Grundeinkommen sollte ausschließlich aus Steuern finanziert werden. Die gesamte Wertschöpfung einer Volkswirtschaft bildet die Steuerbasis – und zwar in dem Moment, in dem Einkommen aus dem Wirtschaftskreislauf an die Menschen fließt, und unabhängig davon, ob es in Form von Lohn an Beschäftigte, Führungskräfte oder Eigentümer bezahlt oder als Gewinne oder Dividenden an die Aktionäre oder Gesellschafter ausgeschüttet wird. Einkommen aller Art (Lohn, Kapitalertragseinkommen wie Zinsen, Dividenden oder ausgeschüttete Gewinne sowie Mieten, Tantiemen und Lizenzeinnahmen oder Erträge aus intellektuellem Einkommen wie Marken-, Vermarktungs- oder Buchrechte) werden an der Quelle erfasst und vom ersten bis zum letzten Euro einheitlich besteuert.

- Der Gesetzgeber legt fest, wie der Steuertarif auszugestalten ist – ob linear, progressiv, in Stufen ansteigend oder für alle Einkommenshöhen konstant. Ein einheitlicher konstanter Steuersatz, also die Flat Tax, hätte immense administrative Vorteile: Sie ermöglicht eine einfache Steuererhebung an der Quelle und damit den Verzicht auf eine Steuererklärung. Nur noch im Ausland erworbenes Einkommen müsste speziell erfasst werden.

- Es gibt keine Steuerfreibeträge mehr. Denn das Grundeinkommen ist bereits ein Freibetrag, den – und das ist der Unterschied zu heute – alle in vollem Umfang geltend machen können; also nicht nur wer arbeitet und steuerpflichtig ist.

- **Das Grundeinkommen ersetzt alle steuer- und abgabenfinanzierten Sozialleistungen.** Es gibt weder eine gesetzliche Renten- oder Arbeitslosenversicherung noch Arbeitslosengeld, Sozialhilfe, Wohn- oder Kindergeld.

- Die heute zu leistenden Beiträge an die Sozialversicherungen entfallen vollständig. Es gibt keine auf Löhne erhobenen Abgaben an die sozialen Sicherungssysteme mehr (Renten-, Kranken-, Pflege- und Arbeitslosenversicherungsbeiträge).

- Lohnfortzahlung im Krankheitsfall, Urlaubsgeld und ähnliche durch die Tarifpartner oder vertragliche Regeln zwischen Arbeitgebern und -nehmern vereinbarte Zusagen werden durch das Grundeinkommen nicht berührt. Sie bleiben weiterhin bestehen.

- Für Kranken- und Unfallversicherung gibt es entweder eine Grundversicherungspflicht. Dann gehört der notwendige Beitrag für eine Grundversicherung zum Existenzminimum und ist damit in die politische Festlegung des Grundeinkommens einzubeziehen (das Grundeinkommen muss entsprechend höher ausfallen). Oder der Staat vergibt an alle Versicherungsgutscheine, die bei jeder Kranken- oder Unfallversicherung für eine Grundversicherung eingelöst werden können. Dann müsste für die Grundversicherung ein Diskriminierungsverbot (niemand darf ausgeschlossen werden) und ein Kontrahierungszwang (alle haben Anrecht, aber auch einen Zwang, sich zu versichern) gelten. Alternativ könnte das Grundeinkommen durch ein staatliches Gesundheitswesen ergänzt werden, bei dem eine – wie weit auch immer reichende – medizinische Grundversorgung für alle kostenlos angeboten wird.

Nehmen wir exemplarisch an, dass das Grundeinkommen bei 1000 Euro pro Monat liegt und demzufolge eine Professorin, ein Filialleiter und eine Putzhilfe 12 000 Euro pro Jahr vom Staat erhalten. Zudem wird ein für alle Einkommensarten gleichermaßen geltender und unabhängig von der Einkommenshöhe konstant bleibender direkter (Brutto-)Steuersatz von 50 Prozent erhoben.

Die Professorin verdient im Monat 10 000 Euro brutto und demzufolge im Jahr 120 000 Euro. Sie zahlt darauf – wie alle anderen – 50 Prozent Steuern, also 60 000 Euro, und erhält – wie alle anderen – ein Grundeinkommen von 12 000 Euro. Somit leistet sie eine Nettosteuer von 48 000 Euro, was – bezogen auf das Jahresgehalt von 120 000 Euro – einem Nettosteuersatz von 40 Prozent entspricht. Pro Jahr steht der Professorin also ein Nettoeinkommen von 72 000 Euro zur Verfügung.

Der Filialleiter erzielt durch seinen Job ein Bruttomonatsgehalt von 5000 Euro und demzufolge ein Bruttojahreseinkommen von 60 000 Euro. Darauf zahlt er – wie alle anderen – 50 Prozent Steuern, also 30 000 Euro, und erhält – wie alle anderen – ein Grundeinkommen von 12 000 Euro. Somit leistet er eine Nettosteuer von 18 000 Euro, was – bezogen auf das Jahresgehalt von 60 000 Euro – einem Nettosteuersatz von 30 Prozent entspricht. Pro Jahr steht dem Filialleiter ein Nettoeinkommen von 42 000 Euro zur Verfügung.

Die Putzhilfe verdient im Monat 2000 Euro brutto und demzufolge im Jahr 24 000 Euro brutto. Sie zahlt darauf – wie alle anderen – 50 Prozent Steuern, also 12 000 Euro, und erhält – wie alle anderen – ein Grundeinkommen von 12 000 Euro. Somit leistet sie eine Nettosteuer von 0 Euro, was auch einem Nettosteuersatz von 0 Prozent entspricht. Pro Jahr steht der Putzhilfe ein Nettoeinkommen von 24 000 Euro zur Verfügung.

Das bedingungslose Grundeinkommen führt netto also in Wahrheit zu einer progressiven Besteuerung – obwohl angenommen wurde, dass der Bruttosteuersatz konstant bei 50 Prozent liegt und damit einer Flat Tax entspricht. Der Grund für die Progression besteht darin, dass das für alle gleich hohe Grundeinkommen für Geringverdiener sehr viel Geld ist (und entsprechend die Nettosteuerlast relativ stärker mindert). Bei sehr gut Verdienenden üben die 12 000 Euro Grundeinkommen hingegen einen weit geringeren Entlastungseffekt aus. Progressive Nettosteuern bedeuten, dass die breiten Schultern der wirtschaftlich Starken mehr Lasten tragen müssen als die schmalen Schultern der Schwachen. Das Grundeinkommen erfüllt damit rundum diese gemeinhin als gerecht bewertete Anforderung an ein Steuersystem.

Eine fundamentale Stärke des Konzepts eines bedingungslosen Grundeinkommens liegt ebenso in der Transparenz und der Einfachheit des Verfahrens. Die empirische Erfahrung zeigt, dass die Steuerehrlichkeit steigt, wenn die Bevölkerung das Gefühl hat, dass das System fair, verständlich und transparent ist.[2] Steuerumgehung und -hinterziehung gehen zurück. Da es keine Bemessungsgrenzen für die Sozialversicherungspflicht und auch keine Unterscheidung zwischen Angestellten und Selbstständigen mehr gibt, entfallen zudem die heute bestehenden Anreize zu einer Scheinselbstständigkeit, um so Beitragszahlungen zu den Sozialversicherungen zu vermeiden. Genauso überflüssig werden bürokratische Ermittlungs- und Kontrollverfahren bei der Überprüfung, ob staatliche Hilfe zu Recht fließt. Das gilt auch für die – von den Betroffenen oft als unwürdig empfundene – Feststellung, wann jemand mit anderen in einer Bedarfsgemeinschaft lebt oder nicht.

Noch wichtiger: Da jeder Euro aus selbst erwirtschaftetem Einkommen gleich behandelt wird, verschwinden die immensen Grenzsteuerbelastungen, die heutzutage insbesondere den Wechsel von der Grundsicherung für Arbeitsuchende (ALG II) in eine sozialversicherungspflichtige Beschäftigung unattraktiv werden lassen. Der Grund hierfür liegt darin, dass die Sozialversicherungspflicht keinen progressiv ansteigenden, sondern nur einen einheitlichen Abgabesatz kennt. Vielfach ergeben sich dadurch im heute geltenden System »Eigennordwand-Phänomene« der Grenzbesteuerung.[3] Damit wird das kontraproduktive Phänomen bezeichnet, dass sich als Folge von deutlichen

---

2 Vgl. Bruno S. Frey / Lars P. Feld: »Deterrence and Morale in Taxation. An Empirical Analysis«, in *CESifo Working Paper*, Nr. 760, München 2002; Werner W. Pommerehne / Hannelore Weck-Hannemann: »Steuerhinterziehung: Einige romantische, realistische und nicht zuletzt empirische Befunde«, in *Zeitschrift für Wirtschafts- und Sozialwissenschaften*, 112. Jg., Nr. 3, S. 433–466, Berlin 1992.

3 Vgl. Hans-Werner Sinn: Ist *Deutschland noch zu retten?*. München 2003, S. 180.

Transferentzügen bei Arbeitsaufnahme das verfügbare Nettoeinkommen nicht nennenswert erhöht. Da in der Regel mit dem Entgelt für eigene Arbeit staatliche Hilfe entfällt, aber vom ersten verdienten Euro an die Sozialversicherungsabgaben in vollem Umfange anfallen, bleibt netto oft ein unfassbar geringer zusätzlicher Betrag in der Haushaltskasse übrig. Überspitzt formuliert wird mit dem heutigen System Arbeitslosigkeit staatlich subventioniert und die Arbeitsaufnahme bestraft. Das bedingungslose Grundeinkommen dreht hier die Anreize um.

Die Zeit ist reif für eine fundamentale Reform des Sozialstaats. Der demografische Wandel einer immer älter werdenden Bevölkerung schreit geradezu nach Änderungen, um die Kindeskinder nicht durch ständig weiter steigende Rentenbeiträge über Gebühr zu belasten. Der gesellschaftliche Wandel wird dazu führen, dass zu viele alleinerziehende Frauen von heute zu Altersarmen von morgen werden. Und der durch die Digitalisierung ausgelöste strukturelle Wandel erzwingt eine Abkehr von einer Finanzierung der Sozialversicherungen über Arbeitslöhne hin zu einer Steuerfinanzierung, die auch die Wertschöpfung der Automaten, Roboter, Algorithmen und der künstlichen Intelligenz in die Solidarpflicht miteinbezieht.

Mit der Digitalisierung, dem demografischen und dem strukturellen Wandel schlägt die Stunde eines Sozialstaatsmodells, das Menschen immer wieder von Neuem ermächtigt, sich anzupassen und neu anzufangen, um mit den vielfältigen Veränderungen mithalten und neuen Anforderungen gerecht werden zu können. Gebrochene Lebensläufe sollten nicht als Ausnahme, sondern als Regel und berufliche Neuorientierung nicht als Bedrohung, sondern als Notwendigkeit betrachtet werden. Anpassungen sollten nicht gebremst, sondern gefördert werden, genauso wie es bei sozialpolitischen Maßnahmen eher um die stete Beschäftigungsfähigkeit und weniger um das Bewahren der aktuellen Beschäftigung an sich gehen sollte.

Weil niemand weiß, wie die Digitalisierung das Zusammenleben und die Wirtschaftswelt verändern wird, und weil Komplexität und Unsicherheit zunehmen, sollte »die Politik« nicht zu viele Vorgaben machen oder »Bedingungen« festlegen. Zu groß ist ansonsten die Gefahr, Anreize zu setzen und Signale auszusenden, die gesellschaftlichen, ökonomischen und politischen Entwicklungen zuwiderlaufen und nicht mehr dem Lebensalltag des 21. Jahrhunderts entsprechen. Darauf gründet die Forderung nach einer »Bedingungslosigkeit« der Sozialpolitik: Wer kennt schon die »richtigen« Bedingungen in einer Welt des raschen Wandels?

Es ist fantasielos zu argumentieren, dass man im Zeitalter der Digitalisierung und Automatisierung, der Roboter, des Internets der Dinge und der künstlichen Intelligenz ein Sozialsystem benötigt, das Menschen zum Arbeiten zwingt. ==Die Digitalisierung macht es möglich – oder muss es möglich machen –, Menschen in ihrer unantastbaren Würde vor physischer und psychischer Versehrtheit zu schonen und sie in der frei gewordenen Zeit für bessere und weniger strapaziöse Jobs weiter auszubilden.== Der Mensch ist ökonomisch zu wertvoll, um ihn gefährliche, riskante und gesundheitsschädigende Arbeiten verrichten zu lassen und ihn dann Jahrzehnte bis zum Lebensende krank durch den Sozialstaat durchzuschleppen. Das wäre in der Tat eine Privatisierung der Arbeitserträge und eine Sozialisierung der Folgekosten. Das kann weder ökonomisch effizient noch gesellschaftlich akzeptabel sein.

Das bedingungslose Grundeinkommen setzt auf Menschen, die motiviert sind, etwas zu leisten. Denn die Zukunft Deutschlands hängt von den Leistungswilligen und -fähigen ab. Die internationale Wettbewerbsfähigkeit der Firmen und damit das gesamtwirtschaftliche Wohlstandsniveau werden durch die Kreativen, die Innovativen und die Leistungsträger bestimmt. Diese müssen genauso gefördert werden, wie die Schwächeren gegen Not und Elend abzusichern sind. Nicht alle werden die sich bietenden Möglichkeiten eines bedingungslosen Grundeinkommens nutzen. Aber wenigstens sollten die damit verbundenen neuen Chancen allen offenstehen.

Natürlich: Ein Grundeinkommen ist weder risiko- noch kostenlos. Doch ein Verzicht darauf wäre langfristig teurer. Zu morsch sind die Fundamente des Sozialstaates geworden, zu stark ist der Veränderungsdruck, den Digitalisierung, demografischer Wandel und neue Verhaltensweisen nachfolgender Generationen hervorrufen. Insofern ist das Grundeinkommen keine unverdiente »Wohltat für alle«, sondern das zeitgemäße sozialpolitische Konzept für die digitale Welt des 21. Jahrhunderts, eine unverzichtbare, radikal gerechte Voraussetzung für einen »Wohlstand für alle«! ●

194 **LAND**

BEDINGUNGSLOSES
GRUNDEINKOMMEN

GEORG CREMER
VOLKSWIRT, FREIBURG

[RA]

denn **ES MACHT ZU VIELE
SOZIALE ERRUNGENSCHAFTEN ZUNICHTE**

In der Tat. Das bedingungslose Grundeinkommen klingt verlockend. Es spricht so gut wie alle gegenwärtigen Sehnsüchte und Hoffnungen an: Abbau von Bürokratie. Überwindung von Armut und Not. Sicherheit. Chancengleichheit. Teilhabe. Selbstbestimmung. Freiheit. Ja, man kann sagen, letztlich geht es den Befürwortern um nicht weniger als um einen neuen Gesellschaftsvertrag.

Für Thomas Straubhaar würde ein bedingungsloses Grundeinkommen »die Bevölkerung von der Sorge des wirtschaftlichen Überlebens« entlasten. Die Voraussetzungen dafür schaffen, »dass Menschen aus eigenem Antrieb, eigenverantwortlich und selbstbestimmt tun, was sie machen wollen«. Auf Kontrolle und Gegenleistung verzichten und »damit jedem Bürger einen Vertrauensvorschuss« geben. Und alle ermächtigen, »ihre Zukunft selbst in die Hand zu nehmen, bevor sie in Not sind.«[1]

Daniel Häni, einer der Initiatoren der Schweizer Volksinitiative »Für ein bedingungsloses Grundeinkommen«, und Philip Kovce geht es um die Befreiung der Arbeit. Arbeit wäre damit der »Beitrag, den ich leisten will, nicht die Pflicht, der ich zum Überleben nachkomme«.[2] Und in der Sicht des belgischen Philosophen und Sozialethikers Philippe van Parijs realisiert das Grundeinkommen im Kapitalismus die Ziele des gescheiterten Sozialismus; nur so könne der Kapitalismus gerecht werden.[3]

Götz Werner, Gründer der Drogeriemarktkette dm, entwickelt die Vision einer vom Zwang befreiten Gesellschaft, in der jeder frei

---

[1] Thomas Straubhaar: *Radikal gerecht. Wie das bedingungslose Grundeinkommen den Sozialstaat revolutioniert.* Hamburg 2017, S. 83.

[2] Daniel Häni / Philip Kovce: *Was fehlt, wenn alles da ist? Warum das bedingungslose Grundeinkommen die richtigen Fragen stellt.* Zürich 2015, S. 79.

[3] Philippe van Parijs: *Real Freedom for All. What (if anything) can justify capitalism?.* Oxford 2003.

»zwischen den unterschiedlichen Sphären des Lebens« wählen kann, »zwischen bezahlter Arbeit, Beziehungsarbeit, beruflicher Neuorientierung oder Erweiterung – und ja: auch Müßiggang«.[4] Das Grundeinkommen schafft für ihn Freiräume, um schöpferisch tätig zu werden, und gibt der Gesellschaft einen starken Kulturimpuls; es entsteht, so Werners Überzeugung, eine Kulturgesellschaft, die sich nicht mehr in erster Linie über Lohnarbeit definiert. Ja, das Grundeinkommen vollendet gar die Ideale der Französischen Revolution: Freiheit, Gleichheit, Brüderlichkeit.

Natürlich wissen auch die Anhänger, dass ein Grundeinkommen nur einen Wert hat, wenn Menschen in ausreichender Zahl weiterarbeiten, um die zur Bedarfsdeckung notwendigen Waren und Dienstleistungen her- beziehungsweise bereitzustellen. Doch dass sie dies nicht tun, ist aus ihrer Sicht nicht zu befürchten. Auch das noch so luxuriöse Faulenzerleben wird laut Werner nach einer gewissen Zeit öde. Er verweist darauf, dass viele seiner Gesprächspartner betonen, selbstredend auch unter den Bedingungen eines Grundeinkommens weiterarbeiten zu wollen – und gleichzeitig ihren Mitmenschen die Bereitschaft hierzu meist absprechen. Für Häni ist der Faulheitsvorwurf eine »anthropologische Verschwörungstheorie. Menschen wollen selbstständig tätig sein. Sie wollen arbeiten, sich engagieren, jemandem helfen. Niemand will ohne guten Grund in der Hängematte liegen«.

So schön das alles klingt, spätestens bei der Frage nach der Finanzierbarkeit scheiden sich die Geister. In der Gedankenwelt der Befürworter ist die Finanzierung allenfalls ein nachrangiges technisches Problem, was bei ausreichend politischem Willen leicht lösbar wäre. In der Gedankenwelt der Gegner ist dies völlig abwegig.

---

4 Götz W. Werner / Adrienne Goehler: *1000 Euro für jeden. Freiheit, Gleichheit, Grundeinkommen.* Berlin 2010, S. 44.

Im Groben gibt es unter den Befürwortern des bedingungslosen Grundeinkommens zwei Positionen. Für die eine steht etwa Götz Werner, ihm geht es um eine radikale Entkopplung von Arbeitsleistung und Einkommen. In einem seiner Interviews legt er dar, wie sich ein Grundeinkommen von 1500 Euro auf das Gehalt einer Kassiererin seiner Drogeriemarktkette auswirken würde, die heute 1580 Euro netto verdient. Sie wird sich fragen, so Werner, »ob sie für 80 Euro mehr wirklich noch arbeiten soll. Wenn nicht, bleibt sie zu Hause – und der Platz ist frei für jemanden, der Spaß daran hat..«[5] Die Gehälter könnten, so die Logik, um das Grundeinkommen gesenkt werden. Für Werner greift es zu kurz, darin nur die Tagträume eines Unternehmers zu sehen, die Löhne seiner Mitarbeiter könnten vom Staat bezahlt werden. Für ihn steckt dahinter die Vorstellung eines Gemeinwesens, in dem Menschen ganz oder weitgehend unabhängig von ihren materiellen Interessen kooperieren und in Verantwortung für das Ganze die gesellschaftlich notwendige Arbeit leisten. Verbunden ist dies mit dem Appell an jeden Einzelnen, sich einzubringen: »Die neue Ethik des Grundeinkommens«, so Werner, »lautet kurz und bündig: Du bekommst ein Grundeinkommen und hast damit die Möglichkeit, ja die Bringschuld, deine Talente in der Gesellschaft wirksam werden zu lassen. Zeig, was du kannst!«[6]

Die (weitgehende) Entkopplung von Arbeit und Einkommen hat eine einfache Konsequenz: Sie scheint die Frage zu entschärfen, wie denn nun ein Grundeinkommen in einer Höhe finanziert werden kann, die gesellschaftliche Teilhabe sichert: Wenn Entlohnung nach getaner Arbeit nichts weiter ist als institutionelles Misstrauen, wenn die

---

5 Götz W. Werner: *Ein Grund für die Zukunft: das Grundeinkommen. Interviews und Reaktionen.* 7. Aufl., Stuttgart 2013, S. 31.

6 Götz W. Werner: *Einkommen für alle. Der dm-Chef über die Machbarkeit des bedingungslosen Grundeinkommens.* Köln 2008.

allermeisten Menschen nichts sehnlicher wünschen, als weiterhin die gesellschaftlich notwendige Arbeit zu leisten und ihre »Bringschuld« gegenüber der Gesellschaft zu erfüllen, wenn sie auch für geringe Mehreinkommen die bisher geleistete Arbeit leisten, dann gibt es eigentlich kein Finanzierungsproblem. Das Grundeinkommen sei demnach also »im Kern kein Rechenproblem, sondern ein Denkproblem«.[7] Die Finanzierung, so heißt es auch in den Unterlagen zur Volksabstimmung in der Schweiz, sei »monetär ein Nullsummenspiel. Da jeder ein Grundeinkommen erhalten wird, sinken die bestehenden Einkommen im Prinzip in Höhe des Grundeinkommens«[8]. Also solle man sich auch nicht »ständig den Kopf über die sinnlose Frage zerbrechen, wer das alles bezahlen soll«[9].

Nicht alle Befürworter des Grundeinkommens entledigen sich der Finanzierungsfrage, indem sie Arbeitsleistung und Einkommen radikal entkoppeln. In ihrer Sicht werden Menschen auch künftig Arbeit vorrangig mit der Absicht aufnehmen, ihr Einkommen zu verbessern. Dann darf aber die Steuerbelastung nicht exorbitant hoch werden, und die Frage der Finanzierung bleibt höchst relevant. Jede Abschätzung hierzu setzt die Klärung voraus, wie sich das Grundeinkommen zum bisherigen Sozialstaat verhalten soll.

Die Antworten fallen unterschiedlich aus. Die einen wollen den Sozialstaat erhalten, lediglich die Sozialhilfe und andere existenzsichernde Transfers, ebenso Kindergeld und Ausbildungsförderung werden durch das Grundeinkommen ersetzt. Andere wollen wie Thomas Straubhaar durch das Grundeinkommen »alle heute bestehenden sozialpolitischen

---

7   Götz W. Werner / Matthias Weik / Marc Friedrich: *Sonst knallt's. Warum wir Wirtschaft und Politik radikal neu denken müssen.* Köln 2017, S. 108.
8   Vgl. Daniel Häni / Philip Kovce 2015, S. 166 f.
9   Götz W. Werner / Matthias Weik / Marc Friedrich 2017, S. 153.

Transfers ersetzen, also Rentenzahlungen, Arbeitslosengeld oder Sozialhilfe und anderes«. Im Gegenzug entfallen die Sozialabgaben, »es gibt neben dem über Steuern finanzierten Grundeinkommen keine durch Lohnabgaben gespeiste sozialstaatliche Parallelstruktur mehr«.[10] Ebenso entfallen auch die Arbeitslosenversicherung, die gesetzliche Krankenversicherung und die soziale Pflegeversicherung. Straubhaar erkennt an, dass es schwierig sein wird, »abzuschätzen, wie hoch die zusätzlichen Kosten in bestimmten Lebenslagen sind, beispielsweise bei Invalidität und Gebrechlichkeit«. Auch räumt Straubhaar ein, dass »der Übergang vom aktuellen zum neuen Sozialstaatsmodell eine gewaltige Herausforderung [ist]. Denn viele Menschen haben heute feste staatliche Leistungszusagen, die es ohne Abstriche einzuhalten gilt«.[11]

In Straubhaars Überschlagsrechnung wird das gesamte Sozialbudget (2017: 965 Mrd. Euro) zur Gegenfinanzierung des Grundeinkommens eingesetzt. Bei 1000 Euro pro Monat und 80 Millionen Anspruchsberechtigten sind 960 Milliarden Euro pro Jahr für das Grundeinkommen aufzuwenden. Das käme genau hin. Aber was bedeutet es, wenn wir das bisherige Sozialbudget für die Finanzierung des bedingungslosen Grundeinkommens umwidmen und so den Sozialstaat durch ein Grundeinkommen ablösen?[12]

Das bisherige Rentensystem würde entfallen. Doch die Rentenansprüche sind eigentumsrechtlich geschützt, die Anspruchsberechtigten können also durch eine Systemumstellung nicht enteignet werden. Straubhaar konzediert dies, verliert aber in einem Buch von 2017 kein Wort zur Gestaltung des Übergangs im Rentensystem.

---

10 Thomas Straubhaar 2017, S. 15.

11 Ebd. S. 29.

12 Hierzu ausführlich: Georg Cremer: »Für das Bedingungslose Grundeinkommen den Sozialstaat aufgeben?«, erscheint in: *ORDO – Jahrbuch für die Ordnung von Wirtschaft und Gesellschaft*, Bd. 70.

Es gäbe keine gesetzliche Krankenversicherung mehr; aus dem Grundeinkommen von 1000 Euro müsste somit eine private Krankenversicherung bezahlt werden. Orientiert man sich an den heutigen Kosten der gesetzlichen Krankenversicherung, wären von jedem Erwachsenen und jedem Kind monatlich etwa 260 Euro aufzuwenden. Dann liegt für Alleinstehende, die allein auf ihr Grundeinkommen angewiesen sind, wie arbeitslose oder alte Menschen, das verfügbare Einkommen im Bundesdurchschnitt etwas unter dem Arbeitslosengeld II (inklusive der Kosten für Unterkunft und Heizung). In München beispielsweise mit seinen hohen Mieten würden ihnen gegenüber heute etwa 190 Euro fehlen.

Die Arbeitslosenversicherung würde aufgelöst. Unmittelbar mit Eintritt der Arbeitslosigkeit sänke das verfügbare Einkommen auf die Grundsicherung ab. Ob dies Beschäftigte gerecht finden, die mit ihren Steuerzahlungen die Finanzierung des bedingungslosen Grundeinkommens für andere ermöglichen, darf bezweifelt werden. Namhaften Befürwortern – darunter Straubhaar und Häni – zufolge braucht es nach Einführung der Grundsicherung auch keine aktive Arbeitsmarktpolitik mehr. Teil der staatlichen Arbeitsmarktpolitik sind aber auch vielfältige Angebote für Menschen, einen Schulabschluss oder eine Ausbildung nachzuholen, sich umzuschulen oder eine gesundheitliche Krise so zu überwinden, dass sie wieder eine Arbeit aufnehmen können.

Die öffentliche Hand würde keine Kindertagesstätten mehr finanzieren, da dies Teil des bisherigen Sozialbudgets ist. Die Kosten für den Kitaplatz wären also – neben der Krankenversicherung – ebenfalls aus dem Grundeinkommen zu tragen. Da der Schulbesuch kostenfrei ist, würde sich die wirtschaftliche Lage von Familien sehr deutlich danach unterscheiden, ob ihre Kinder schon eingeschult sind oder nicht. Natürlich kann man diesen Unterschied für antiquiert halten und fordern, dass auch der Kitabesuch kostenfrei ist, aber dann darf man nicht das gesamte Sozialbudget zur Finanzierung der Grundsicherung ansetzen.

Die soziale Pflegeversicherung würde abgeschafft. Pflegebedürftige müssten dann aus ihrem Grundeinkommen eine private Pflegeversicherung bezahlen oder für ambulante oder stationäre Pflegeleistungen selbst aufkommen. Wie werden im Übergang die bereits erworbenen Anwartschaften finanziert und damit bestehende Ansprüche aus dem bisherigen System abgegolten? Was wäre mit Menschen, die nicht privat vorsorgen können? Sollen sie wie heute Hilfe zur Pflege erhalten? Auch dann bräuchte es weiterhin ein Sozialbudget.

Und was wäre mit den Leistungen, die die Teilhabe behinderter Menschen sicherstellen? Mit der Kinder- und Jugendhilfe, mit Beratungsstellen auf kommunaler Ebene, mit Integrationshilfen für Menschen mit Migrationshintergrund einschließlich Flüchtlinge und so weiter und so fort?

Diese kursorische, keinesfalls abschließende Aufzählung zeigt: Man kann nicht einfach mal den bisherigen Sozialstaat streichen. Der Sozialstaat, wie wir ihn kennen, ist kein Monster, um die Bürger paternalistisch zu bevormunden und zu schurigeln, wie dies so oft von Befürwortern des Grundeinkommens an die Wand gemalt wird.

Nehmen wir deswegen an, dass die Hälfte des Sozialbudgets weiterhin für Hilfen und Sicherungssysteme bestehen bleibt. Dann sind im Vergleich zu einer Überschlagsrechnung, die das ganze Sozialbudget zur Gegenfinanzierung ansetzt, zusätzlich circa 480 Milliarden Euro aufzubringen. Das bedeutet aber eine weitere Steigerung der Abgabenquote um fast 15 Prozentpunkte auf etwa 55 Prozent. Natürlich kann man einwenden, der größte Teil der Steuern würde den Bürgern in Form des Grundeinkommens zurückgegeben, netto sei die Abgabenlast viel geringer. Doch über das Grundeinkommen verfügen die Bürger, da bedingungslos, auch ohne Teilhabe an der Wertschöpfung. Ob und in welchem Umfang sie gegen Entgelt und damit in Bereichen arbeiten, die der Besteuerung zugänglich sind, entscheiden sie danach, welchen zusätzlichen Nutzen, welches zusätzliche Nettoeinkommen sie aus ihrer Arbeit ziehen – zumindest wenn man davon ausgeht, dass materielle Anreize für die Mühen der Arbeit weiterhin eine große Rolle spielen. Die Höhe der Abgabenbelastung ist somit auch in einer Welt des Grundeinkommens höchst relevant.

Neben der Erhebung der Umsatzsteuer wäre eine sehr hohe Einkommensbesteuerung erforderlich. Die meisten Rechnungen zu den unterschiedlichen Varianten des Grundeinkommens (ohne zusätzliches Staatsdefizit) ermitteln eine Einkommensteuerbelastung von 40, 50 oder mehr Prozent, wobei die unterstellte Höhe des Grundeinkommens teilweise deutlich unter 1000 Euro liegt.[13] Für heutige Transferbezieher, die ergänzend arbeiten, wäre dies eine Senkung der faktischen Abgabenbelastung, denn ihnen werden von jedem Euro, den sie zum Arbeitslosengeld II hinzuverdienen, etwa 80 Cent abgezogen, solange sie sich nicht ganz aus der Abhängigkeit von Arbeitslosengeld II befreien können.

Für die meisten Menschen in mittleren und höheren Positionen stiegen aber die Abgaben. Soll die Rechnung aufgehen, muss die hohe Besteuerung gleich beim ersten Euro Erwerbseinkommen greifen, Freibeträge gibt es dann nicht mehr. Kaum zu glauben, dass dies nicht vielfältige Kreativität auslösen würde, Wertschöpfung außerhalb offiziell erfasster und besteuerter Tauschbeziehungen zu organisieren, um das böse Wort Schwarzarbeit zu vermeiden. Es würde also ein Problem verschärft, das wir bereits heute haben.

---

13 Rigmar Osterkamp: »Ist ein bedingungsloses Grundeinkommen in Deutschland finanzierbar?«, in: *Zeitschrift für Politik*, Sonderband 7. Baden-Baden 2015, S. 234 f.; 242.

Götz Werner kontert diese Einwände recht einfach: Wenn die Befürchtungen eintreten, »dann können wir ja immer noch zum heutigen Modell zurückkehren.«[14] Das ist naiv. Ein einmal eingeführtes Grundeinkommen könnte nur gegen den starken Protest derer wieder abgeschafft werden, die ihre Lebensplanung auf das Grundeinkommen gebaut haben. Vermutlich würde erst einmal an anderer Stelle gespart, etwa bei den noch verbliebenen Sozialausgaben für Randgruppen oder der Hilfe für Flüchtlinge.

Die geradezu heilsgeschichtlichen Erwartungen, die viele mit dem bedingungslosen Grundeinkommen verbinden, könnten sich nur einstellen, wenn es in einer Höhe gewährt wird, die eine sorgenfreie bürgerliche Existenz garantiert. Ein Grundeinkommen in Höhe von 1000 Euro führt nach Abzug der Beiträge für eine private Krankenversicherung allerdings bei einem Alleinstehenden nur zu einem verfügbaren Einkommen auf oder unter dem heutigen Hartz-IV-Satz. Ein solches bedingungsloses Grundeinkommen wäre finanzierbar, wenn wir auf den Sozialstaat heutiger Ausprägung verzichten wollten und könnten. Dies entspricht aber keineswegs der Wunschvorstellung der meisten seiner Befürworter.

Zwar mildert ein Grundeinkommen auf Höhe des Hartz-IV-Satzes die Sorge um die wirtschaftliche Existenz, aber sie beendet sie nicht. Wer während seiner beruflich aktiven Zeit über mehr Einkommen verfügen will als das Grundeinkommen, ist weiterhin darauf angewiesen, eine Arbeit zu finden und anzunehmen. Wer vermeiden will, im Rentenalter auf Grundsicherungsniveau zu leben, muss im Erwerbsalter privat vorsorgen – aus dem, was ihm eine notwendigerweise sehr hohe Besteuerung dann noch an Spielraum lässt.

---

14 Vgl. Götz W. Werner / Adrienne Goehler, S. 58.

ABGESEHEN VON
DER FINANZIERUNG
IST FÜR MICH
DER VIELLEICHT
PROBLEMATISCHSTE
ASPEKT DER DEBATTE
ZUM BEDINGUNGSLOSEN
GRUNDEINKOMMEN
**DIE DISKREDITIERUNG
DES HEUTIGEN
SOZIALSTAATS.**

Illusorisch ist anzunehmen, Menschen würden völlig entspannt reagieren, wenn ihnen Arbeitslosigkeit droht; möglicherweise wären ihre Ängste sogar größer, denn es entfiele die Arbeitslosenversicherung, die zeitlich befristet den bisherigen Lebensstandard abzusichern hilft. Eine harmonische Gesellschaft ohne Konkurrenz und Neid, in der sich jeder weitgehend unbeeinflusst von materiellen Überlegungen seinen Neigungen widmet und sich gleichzeitig um die anderen sorgt, wird sich bei einem Grundeinkommen auf Höhe des heutigen Arbeitslosengelds II nicht einstellen. Damit ist das Grundeinkommen auch nicht die Antwort auf die populistische Bedrohung der liberalen Demokratie. Die notwendigerweise sehr hohe Steuerbelastung wird vielmehr neue Spaltungen hervorrufen: etwa Aversionen derer, die arbeiten, gegenüber denen, die deutlich weniger oder gar nicht arbeiten; oder giftige Debatten darüber, ob und ab wann Flüchtlingen, die bei uns Schutz gefunden haben, das Grundeinkommen zustehen soll.

Mit einem deutlich höheren Grundeinkommen wären entsprechend höhere Steuerbelastungen verbunden. Niemand weiß jedoch, wie stark die Bürger bei einem bedingungslosen Grundeinkommen dann ihre über Märkte erbrachte und damit besteuerbare Arbeit reduzieren würden. Klar ist nur: Je höher das Grundeinkommen und je höher damit der Finanzierungsbedarf und die Steuerbelastung, desto größer sind die Risiken eines Rückzugs der Menschen vom Arbeitsmarkt oder der Flucht in die Schwarzarbeit. Dann aber fehlen genau jene Steuereinnahmen, die zur Finanzierung des Grundeinkommens benötigt werden.

Abgesehen von der Finanzierung ist für mich der vielleicht problematischste Aspekt der Debatte zum bedingungslosen Grundeinkommen die Diskreditierung des heutigen Sozialstaats. Es hat sich bei uns ein Niedergangsdiskurs breitgemacht, der den sozialen Verhältnissen in Deutschland nicht gerecht wird. Man kann, ohne verlacht zu werden, öffentlich behaupten, Deutschland habe heute nur noch einen Suppenküchensozialstaat. Die großen Erfolge der Arbeitsmarktpolitik werden kleingeredet, als sei die Halbierung der Arbeitslosenquote seit 2005 Folge einer »Amerikanisierung des Arbeitsmarktes«, als seien seither nur miese Jobs entstanden. Das ist gefährlich. Es lähmt und entmutigt und spielt populistischen Kräften in die Hände. Der Niedergangsdiskurs verstärkt die Ängste in der Mitte und dies ist schädlich für die Armen, denen ohne eine empathische Mitte, nicht wirksam zu helfen ist. **Der viel beschworene Sozialabbau hat nicht stattgefunden.** Das kann nur behaupten, wer die Vergangenheit nostalgisch verklärt, wer die Herausforderungen leugnet oder meint, es sei nicht sein Problem, wie soziale Sicherung zu finanzieren ist.

Sicher: Die Wünsche nach mehr Freiraum für Kreativität, nach sinnstiftender Arbeit und wertschätzenden Arbeitsbedingungen, nach Raum für Versuch und Irrtum müssen wir ernst nehmen. Ebenso den Wunsch freiberuflich Tätiger nach mehr Sicherheit oder den Anspruch, Grundsicherungsempfänger nicht zu beschämen. All dies sind wichtige Anliegen für eine lebensdienliche Wirtschafts- und Sozialordnung. Wer jedoch meint, unsere Probleme würden sich mit dem Grundeinkommen in Luft auflösen, verabschiedet sich aus dem Dialog zur praktischen Sozialpolitik. Lösungen kommen wir nur näher durch gangbare Schritte der zähen reformerischen Alltagsarbeit. ●

208 **LAND**

7 X BGE

ZUM NACHDENKEN

1. WIDERSPRICHT DAS BGE NICHT DEM PRINZIP DER LEISTUNGSGERECHTIGKEIT? IST DIE GESELLSCHAFT BEREIT, JEDEN BÜRGER BEDINGUNGSLOS ZU UNTERSTÜTZEN? WIE EINE SPALTUNG VERHINDERN ZWISCHEN WEITERHIN ERWERBSTÄTIGEN UND BGE-BEZIEHERN?

2. WERDEN SICH MENSCHEN (INSBESONDERE JUGENDLICHE) TROTZ BGE BILDEN, WEITERBILDEN, IN DIE ZUKUNFT INVESTIEREN?

3. TRANSPARENZ UND EINFACHHEIT SIND DIE ANGEBLICHEN PLUSPUNKTE. DOCH WIRD NICHT AUCH DAS NEUE SYSTEM DURCH STETIGE ANPASSUNG KOMPLEXER UND KOMPLIZIERTER WERDEN?

4. WENN FACHKRÄFTEN AUS DEM AUSLAND DAS BGE NICHT ZUSTEHT: WIE HOCH SOLLTEN SIE BESTEUERT WERDEN, UM DIE ATTRAKTIVITÄT DES STANDORTS DEUTSCHLAND NICHT NACHHALTIG ZU GEFÄHRDEN?

5. VERSCHÄRFT EIN BGE IN KOMBINATION MIT EINEM HOHEN STEUERSATZ NICHT STEUERFLUCHT UND STEUERVERMEIDUNG?

6. WIE SICHERSTELLEN, DASS ELTERN MIT DEM BGE FÜR IHRE KINDER VERANTWORTUNGSBEWUSST UMGEHEN? SOLLTE NICHT WENIGSTENS DER ZUGANG ZU KINDERGÄRTEN UND SCHULEN WEITERHIN FREI SEIN?

7. WIE VERHINDERN, DASS SICH DER STAAT AUS EINER AKTIVEN BESCHÄFTIGUNGSPOLITIK VERABSCHIEDET?

210 STADT. WAS NEHMEN WIR IN DIE ZUKUNFT MIT?

WAS WIRD UNS WEITERHIN BEGLEITEN?

STADT 211

212 ZEHN FRAGEN VON
BRUNO S. FREY, KARL HOMANN, ISABELL WELPE, STEFAN HRADIL, MARGIT OSTERLOH, DAGMAR SCHIPANSKI, NILS GOLDSCHMIDT, DIETER FREY UND NADJA BÜRGLE, MAGDALENA ROGL, NEŞE SEVSAY-TEGETHOFF

224 ZEHN THESEN VON
REINHARD KARDINAL MARX, GEORG CREMER, THOMAS STRAUBHAAR, PHILIPP LAHM, RANDOLF RODENSTOCK, HOLGER BONIN, HOLGER LENGFELD, ANDREAS URS SOMMER, SABINE PFEIFFER, THOMAS HUTZSCHENREUTER

212 **STADT**

1

0 FRAGEN
von ...

BRUNO S. FREY
POLITISCHER ÖKONOM, ZÜRICH UND BASEL

Lassen sich die politischen Auseinandersetzungen zwischen den USA, Iran und verschiedenen anderen Ländern (darunter auch Israel) ohne Krieg lösen?

Meine Vermutung: Ja, aber nur knapp. Auf jeden Fall bleibt ein grosser Gefahrenherd, der sich leider sogar zu einem nuklearen Krieg ausweiten könnte.

KARL HOMANN
PHILOSOPH UND ÖKONOM, MÜNCHEN

2

DA ES IN EINER (WELT-) GESELLSCHAFT OHNE VERLÄSSLICHE KOOPERATIONEN NICHT GEHT, STELLT SICH DIE FRAGE, WIE WIR – VIELFACH IN AUFLÖSUNG BEFINDLICHE – KOOPERATIONEN STABILISIEREN UND WEITERENTWICKELN KÖNNEN.

ISABELL WELPE
BETRIEBSWIRTSCHAFTLERIN, MÜNCHEN

WERDEN UNSERE POLITISCHEN SYSTEME IMMER MEHR DURCH SOZIALE MEDIEN UND MEINUNGEN ANSTELLE VON FAKTEN UND RATIONALITÄT GESTEUERT?

3

ICH DENKE, WIR BRAUCHEN GANZ DRINGEND INNOVATIONEN IN POLITISCHEN SYSTEMEN UND IM JOURNALISMUS. MIT IHREN AUS DER VERGANGENHEIT STAMMENDEN MODELLEN SCHEINEN SIE NICHT MEHR GUT ZU FUNKTIONIEREN IN EINER DIGITALEN WELT.

STEFAN HRADIL 217
SOZIOLOGE, MAINZ

WO ENDEN UNSERE FREIHEITEN ANGESICHTS DER MENSCHENGEMACHTEN GEFÄHRDUNGEN DER NATUR?

MARGIT OSTERLOH
ÖKONOMIN, ZÜRICH UND BASEL

Die Krise der Demokratie ist die größte Herausforderung. Früher galt unter Politikwissenschaftlern, dass eine Demokratie nicht mehr zerbrechen kann, wenn sie zwei friedliche Regierungswechsel überstanden hat und die Bürger einen gewissen Wohlstand erreicht haben. Heute ist das alles andere als klar.

Einerseits lässt das Erstarken der rechten, nationalistischen Parteien in Europa und Amerika den Wunsch nach »starken Männern« aufkommen. Gemäß einem Umfrageergebnis (Ipsos, Paris) aus 27 Ländern wünschen sich 49 Prozent einen »starken Führer«, der gewillt ist, Regeln zu brechen. Einher geht dies mit der breiten Zustimmung zur Aussage, dass sich die politische Führung nicht mehr um die »kleinen Leute« kümmere – was durch den Anstieg der Ungleichheit in den meisten Ländern auch gerechtfertigt erscheint.

Andererseits gelingt es »starken Männern« wie Donald Trump oder Boris Johnson, diese antielitären Bestrebungen für ihre Interessen in einer Weise auszunutzen, welche die Ungleichheit erhöht, die Finanzeliten weiter stabilisiert und darüber hinaus unter Zuhilfenahme der sozialen Medien antiliberale Bestrebungen stärkt. Peter Thiel, Gründer von PayPal und Berater von Donald Trump, betrachtet die Demokratie als veraltete Technologie. In Europa ist die Sozialdemokratie als Gegengewicht im Schwinden begriffen.

WIE LÄSST SICH VERHINDERN, DASS EINE SICH ANTIELITÄR GEBENDE ELITE DEMOKRATISCHE ERRUNGENSCHAFTEN AUFS SPIEL SETZT?

DAGMAR SCHIPANSKI
PHYSIKERIN, ILMENAU

Wie jede neue wissenschaftliche Entwicklung bietet die Künstliche Intelligenz positiven und negativen Einsatz. Wesentlich bei Anwendung und Entwicklung ist, dass der Mensch mit seinen Gedanken und Gefühlen als Ideengeber im Mittelpunkt steht und nicht zum Objekt von Manipulationen wird. Insofern stellt sich die Frage: **6** Wird es gelingen, europäische Wertmaßstäbe als Gütesiegel zu begreifen, damit inhumane Anwendungen von Künstlicher Intelligenz verhindert werden?

NILS GOLDSCHMIDT
ORDNUNGSÖKONOM, SIEGEN

Wir leben in einer Zeit der Kippmomente (»Tipping Points«). Kippmomente bezeichnen Situationen, in denen sich ein System qualitativ rasch und zumeist irreversibel ändert. Dies gilt für die ökologischen Herausforderungen genauso wie für die gesellschaftlichen. Die Digitalisierung unserer Lebenswelt, aber auch der Zuwachs neopopulistischer Standpunkte sowie die Verschiebungen in der globalen politischen Tektonik stellen die soziale Kohäsion nicht nur in den westlichen Industrienationen auf die Probe.

WIRD ES UNS GELINGEN, UNS DEM STRUDEL DER UNTERGANGSSZENARIEN ZU ENTZIEHEN UND MIT ZUVERSICHT STIMMUNGEN UND MEINUNGEN ZU PRÄGEN, UM KIPPMOMENTE ABZUWENDEN?

DIETER FREY & NADJA BÜRGLE
SOZIAL- & ORGANISATIONSPSYCHOLOGEN, MÜNCHEN

DIE ZENTRALE FRAGE FÜR 2020 LAUTET FÜR UNS: WIE ERREICHEN WIR, DASS EIN LEBENSWERTES LEBEN FÜR ALLE ZUR HANDLUNGSLEITENDEN MAXIME DER WELTGEMEINSCHAFT WIRD?

8

Ein lebenswertes Leben setzt die uneingeschränkte Gültigkeit der Menschenrechte sowie die Sicherung von Grundbedürfnissen voraus, wie zum Beispiel nach intaktem Lebensraum, Frieden, Freiheit oder Wohlstand. Aus dieser übergeordneten Leitfrage leiten sich Unterfragen ab:
- Wie können wir den Klimawandel stoppen?
- Wie begegnen wir der Herausforderung der Migration, ihren Ursachen und Folgen wie zum Beispiel Krieg, Armut oder Diskriminierung?
- Wie können wir demokratisch-freiheitliches Gedankengut stärken?
- Wie können wir Weltwirtschaft, Digitalisierung und Globalisierung verantwortungsvoll gestalten?

Globale Herausforderungen erfordern globale Lösungen. Voraussetzungen hierfür sind, die Probleme anzuerkennen, gemeinsame Zukunftsvisionen zu entwickeln und Innovations- und Kreativitätspotenziale in Denkfabriken zu realisieren.

MAGDALENA ROGL
SOCIAL-MEDIA-EXPERTIN, MÜNCHEN

MEINE WICHTIGSTE FRAGE FÜR 2020 LAUTET: WELCHE SKILLS BRAUCHEN WIR, UM ZUKUNFTSFÄHIG ZU SEIN?

Laut World Economic Forum sind die wichtigsten Skills für die Zukunft: Problemlösungsfähigkeit, kritisches Denken, Kreativität, People Management, Abstimmung mit anderen, emotionale Intelligenz, Beurteilen und Entscheiden, Service-Orientierung, Verhandlungsfähigkeit, kognitive Flexibilität

Wenn wir einen Blick in die Zukunft werfen, wird klar, warum den vom World Economic Forum genannten Skills so eine große Bedeutung zugeschrieben wird: Wir werden mit und neben künstlichen Intelligenzen und Robotern arbeiten. Und dann sind es diese Merkmale, die wir brauchen, um diese Maschinen zu ergänzen und mit ihnen ein Team zu bilden: Emotionalität, Empathiefähigkeit und Menschlichkeit.

Um diese Fähigkeiten für die Zukunft zu entwickeln, brauchen wir ein Umdenken in der Arbeitswelt. Menschen sollten nicht mehr als Ressourcen, sondern als komplexe, emotionale Individuen gesehen werden. Wir sollten Mitarbeiter*innen nicht nach ihren Abschlüssen, sondern nach ihrem Potenzial auswählen. Aus Human Resources sollten Human Relations werden.

NEŞE SEVSAY-TEGETHOFF
SOZIOÖKONOMIN, MÜNCHEN

Die Klassenzimmer von 2020 repräsentieren die multiperspektivische Gesellschaft von morgen. Daraus ergibt sich die Frage:

10 WIE MÜSSEN LEHRINHALTE GESTALTET SEIN, DAMIT SIE DAS DEMOKRATIEBEWUSSTSEIN STÄRKEN, BEGRÜSSEN, MÖGLICHKEIT ZUM STREIT UND WERTSCHÄTZUNG GLEICHERMASSEN GEBEN UND DADURCH DIE GRUNDLAGE ZUR WEITERENTWICKLUNG UNSERER DEMOKRATIE SCHAFFEN?

Hinzu kommt, wie wir die dreifache Alterung unserer Gesellschaft (die Zunahme der absoluten Zahl älterer Menschen, der wachsende Anteil der älteren Menschen an der Gesamtbevölkerung und der starke Anstieg der Menschen im Alter von 80 Jahren und mehr) und die damit einhergehenden komplexen gesamtgesellschaftlichen Herausforderungen bewältigen wollen. Diese Frage bleibt im öffentlichen Diskurs unterbelichtet, da andere Themen stets brisanter und akuter erscheinen.

224 **STADT**

1

0

THESEN
von ...

REINHARD KARDINAL MARX
ERZBISCHOF, MÜNCHEN UND FREISING

> DAS MOTTO DER SOZIALEN MARKTWIRTSCHAFT SOLLTE HEUTE NICHT MEHR WOHLSTAND FÜR ALLE, SONDERN CHANCEN FÜR ALLE LAUTEN.

KORBINIAN VON BLANCKENBURG

VOLKSWIRT, LEMGO

WIR MÜSSEN EINEN GROSSTEIL DER ZUSÄTZLICHEN WERTSCHÖPFUNG DER DIGITALISIERUNG AUF UNSERE BEVÖLKERUNG UMVERTEILEN.

2

SONST HABEN WIR AM ENDE EINE GERINGERE BESCHÄFTIGUNG UND EINE RIESIGE LÜCKE IN DEN ÖFFENTLICHEN HAUSHALTEN. MIT ODER OHNE GRUNDEINKOMMEN.

DOMINIK H. ENSTE
VERHALTENSÖKONOM UND WIRTSCHAFTSETHIKER, KÖLN

Gegen das bedingungslose Grundeinkommen spricht in allererster Linie die Bedingungslosigkeit, also die Tatsache, dass jemand grundlos – ohne Gegenleistung oder Nachweis der Bedürftigkeit – ein Einkommen bezieht. Selbst im unmittelbaren Miteinander, etwa in der Familie, fällt es Menschen schon schwer, etwas bedingungslos zu geben. Wie wahrscheinlich ist es dann, dass sie anonymen Dritten gegenüber bedingungslos solidarisch sind? Dieser Annahme liegt ein überoptimistisches Menschenbild zugrunde, welches nach den Erkenntnissen der Sozialwissenschaften nur bei weniger als zehn Prozent der Menschen zu finden ist.

PHILIPP LAHM
STIFTER UND UNTERNEHMER, MÜNCHEN

WIR BRAUCHEN UNTERNEHMER UND POLITIKER, DIE DIE MENSCHEN MITNEHMEN. IHNEN ERKLÄREN, WARUM VERÄNDERUNG RICHTIG UND WICHTIG IST. DIE BASIS DAFÜR IST OPTIMISMUS. NICHT ANGST UND RESIGNATION.

4

RANDOLF RODENSTOCK
PHYSIKER, MÜNCHEN

5

Mein Augenmerk richtet sich 2020 besonders auf den Brexit. Seine Bedeutung ist umfassender als landläufig diskutiert. Ich halte es für geradezu historisch relevant, dass sich sowohl der Verlauf der Brexit-Verhandlungen als natürlich auch ihr Ergebnis und vor allem dessen Perspektiven tragfähig, nachhaltig, wertschöpfend und werterhaltend für uns alle gestalten werden.

Vordergründig geht es natürlich darum, den Wohlstand der Bürger auf beiden Seiten des Kanals so wenig wie möglich zu beeinträchtigen, aber darüber hinaus brauchen wir alle eine leistungsfähige Wirtschaft, die überhaupt erst eine kraftvolle Innovation bei Klimaschutz und Digitalisierung ermöglicht.

Eine ganz andere Dimension von Verlauf und Ergebnis des Brexits liegt im wertebezogenen Bereich. Es geht hier darum, mit UK, die (eben nicht nur kontinental-)europäische Wertegemeinschaft von Freiheit und Verantwortung, nicht zuletzt im Sinne einer sozialen Marktwirtschaft, angesichts gegengerichteter Kräfte zu stärken. Ich würde mir auch wünschen, dass 2020 eine Reflexion der Vorgänge um den Brexit einsetzt, welche die Rückkehr der politischen (und medialen) Machthaber zu Wahrheitsliebe und Ehrlichkeit in unseren Demokratien befördert und einem Abdriften in »Postfaktisches«, Fake News und Autoritarismus auf beiden Seiten des Atlantiks Einhalt gebietet.

HOLGER BONIN
VOLKSWIRT, KASSEL

AUCH WENN KEIN ENDE DER ARBEIT BEVORSTEHT, MUSS MAN SICH VERTEILUNGSFRAGEN STELLEN. STRUKTURWANDEL KANN EINE NEUBEWERTUNG VON HUMANKAPITAL UND VON ARBEIT MIT SICH BRINGEN, DIE GEWINNER UND VERLIERER SCHAFFT.

HOLGER LENGFELD
SOZIOLOGE, LEIPZIG

7

Demokratische Institutionen, die den Rückhalt ihrer Bevölkerung verlieren, stellen nicht nur eine Gefahr für die wirtschaftliche Entwicklung dar, sondern auch für die Freiheit des Einzelnen und den sozialen Frieden insgesamt. Weltweit erstarkende populistische Bewegungen, antidemokratische Parteien und das verbreitete Misstrauen in Medien und Wissenschaft sind Anzeichen dieser Bedrohung. Als Wissenschaftler und Soziologe sehe ich meinen Beitrag zur Stärkung der Demokratie darin, sachlich und so frei von politischer Bewertung wie möglich soziale Entwicklungen zu beschreiben und ihre Triebkräfte zu erklären. Dies tue ich im festen Glauben daran, Menschen aufklären zu können über die Welt, in der sie leben – und damit einen kleinen Beitrag für gesellschaftlich vernünftige Entscheidungen zu leisten.

ANDREAS URS SOMMER
PHILOSOPH, FREIBURG

8 IN EINER »WERTEGESELLSCHAFT« SIND WERTE IMMER IN GESELLSCHAFT, DAS HEISST, SIE KOMMEN SICH UNENTWEGT INS GEHEGE UND RELATIVIEREN SICH GEGENSEITIG, SIE KOMMUNIZIEREN UND INTERAGIEREN MITEINANDER.

IHRE QUECKSILBRIGKEIT – SIE KÖNNEN SICH MIT ALLEM MÖGLICHEN AMALGAMIEREN – IST POSITIV, WENNGLEICH IHRE MÖGLICHE TOXIZITÄT NICHT UNTERSCHÄTZT WERDEN SOLLTE.

SABINE PFEIFFER
SOZIOLOGIN, MÜNCHEN

Komplexität kann man nicht beherrschen, aber lernen, sie zu bewältigen. Gemeinschaft kann man nicht predigen, sondern muss sie leben. Umwelt kann man nicht bewahren, indem man sie zur Ware macht. Markt kann nicht funktionieren, wenn nur ganz wenige ihn bestimmen. Wachstum ist Illusion, wenn es die Substanz der Zukunft zerstört. Demokratie heißt nicht verwalten, sondern in zivilen Formen streiten. Nicht alle müssen programmieren können, aber immer mehr sollten verstehen, dass auch KI nicht alles kann. Gäbe viel zu tun in 2020. Und wäre im guten Sinne disruptiv.

THOMAS HUTZSCHENREUTER 235
WIRTSCHAFTSWISSENSCHAFTLER, MÜNCHEN

DIGITALISIERUNG, KÜNSTLICHE INTELLIGENZ, INTERNATIONALE HANDELSBEZIEHUNGEN. KEINER WEISS, WIE GENAU DIE ZUKUNFT AUSSEHEN WIRD. KEINER WEISS, IN WELCHER BANDBREITE SICH VERÄNDERUNGEN VOLLZIEHEN WERDEN. DENNOCH MUSS EIN STRATEGE FÄHIG SEIN, DIE ZUKUNFT ZU IMAGINIEREN, ETWAS ZU SEHEN, WAS ANDERE NICHT SEHEN. ES KANN SEIN, DASS ER SICH TÄUSCHT. DOCH OHNE DIESE FÄHIGKEIT WIRD SICH DAS UNTERNEHMEN, FÜR DAS ER ARBEITET, NIEMALS VON DER BREITEN MASSE ABHEBEN. INSOFERN LAUTET DAS OBERSTE GEBOT: KEINE DENKVERBOTE. ALLES MUSS ERLAUBT SEIN, GEDACHT ZU WERDEN.

236 **AUTOREN**

AUTOREN

Korbinian von Blanckenburg ist Dekan am Fachbereich Wirtschaftswissenschaften der Technischen Hochschule Ostwestfalen-Lippe und Träger des Roman Herzog Forschungspreises »Soziale Marktwirtschaft« 2018. SEITE 227

Holger Bonin ist Forschungsdirektor am Forschungsinstitut zur Zukunft der Arbeit (IZA) und Professor für Volkswirtschaftslehre mit Schwerpunkt Arbeitsmarkt- und Sozialpolitik an der Universität Kassel. SEITE 231

Damian Borth ist Professor für Artificial Intelligence and Machine Learning an der Universität St. Gallen (HSG). Zudem Direktor am Institut for Computer Science an der HSG in St. Gallen, Schweiz. SEITE 130

Andreas Brandhorst ist Science-Fiction-Autor und Übersetzer, zuletzt erschien *Das Netz der Sterne*. Für *Das Schiff* erhielt er 2016 den Deutschen Science-Fiction-Preis. SEITE 38

Nadja Bürgle ist Doktorandin am Center for Leadership and People Management sowie Promotionsstipendiatin der Friedrich-Naumann-Stiftung. SEITE 221

Georg Cremer ist außerplanmäßiger Professor für Volkswirtschaftslehre an der Albert-Ludwigs-Universität Freiburg. Von 2000 bis 2017 war er Generalsekretär des Deutschen Caritasverbandes. Zuletzt erschien *Deutschland ist gerechter, als wir meinen*. SEITE 194

Dominik H. Enste ist Professor für Wirtschaftsethik und Institutionenökonomik an der Technischen Hochschule Köln und Geschäftsführer der Akademie für Integres Wirtschaften. Zuletzt erschien *Geld für alle – das bedingungslose Grundeinkommen. Eine kritische Bilanz*. SEITE 159, 228

Peter Eppinger ist Akademischer Rat im Fachbereich für Wirtschaftswissenschaften an der Universität Tübingen. Seine Forschung konzentriert sich auf den internationalen Handel und multinationale Unternehmen. SEITE 150

Bernd Flessner ist Zukunftsforscher am Zentralinstitut für Wissenschaftsreflexion und Schlüsselqualifikationen (UiWiS) der Friedrich-Alexander-Universität Erlangen-Nürnberg. SEITE 10

Bruno S. Frey ist Leiter des Center for Research in Economics, Management and the Arts (CREMA) in Zürich sowie ständiger Gastprofessor für Politische Ökonomie an der Universität Basel. Zuletzt erschien *Wirtschaftswissenschaftliche Glücksforschung*. SEITE 169, 214

Dieter Frey ist Leiter des Center for Leadership and People Management der Ludwig-Maximilians-Universität München. Zuletzt erschien *Psychologie der Werte. Von Achtsamkeit bis Zivilcourage*. SEITE 221

AUTOREN

Christine Gallmetzer ist Künstlerin. Zuletzt erschien der Sammelband *The Capture Sky* mit Werken zwischen 2012 und 2015. Ausstellungen im In- und Ausland. SEITE 24

Nils Goldschmidt ist Professor für kontextuale Ökonomik und ökonomische Bildung an der Universität Siegen, zudem Vorstand der Aktionsgemeinschaft Soziale Marktwirtschaft in Tübingen. SEITE 178, 220

Christina Hertel ist Postdoktorandin an der École Polytechnique Fédérale de Lausanne. Schwerpunkte: klassisches und nachhaltiges Unternehmertum, gemeinschaftsbasierte Unternehmensgründungen. SEITE 160

Roman Herzog ist über seinen Tod hinaus Namens- und Impulsgeber des Roman Herzog Instituts in München. Er war von 1994 bis 1999 Bundespräsident der Bundesrepublik Deutschland. SEITE 3

Martina Heßler ist Professorin für Technikgeschichte an der Technischen Universität Darmstadt. Ihre Forschungsthemen liegen im Feld der interdisziplinären Technikforschung. SEITE 114

Karl Homann ist Philosoph und Ökonom, 1990 übernahm er den ersten Lehrstuhl für Wirtschafts- und Unternehmensethik in Deutschland. Zuletzt erschien *Sollen und Können: Grenzen und Bedingungen der Individualmoral*. SEITE 215

Stefan Hradil ist Soziologe und Vizepräsident der Akademie der Wissenschaften und der Literatur in Mainz. SEITE 217

Thomas Hutzschenreuter ist Inhaber des Lehrstuhls für Strategic and International Management an der Technischen Universität München. Schwerpunkte: Unternehmertum, Wachstumsstrategien, Corporate Governance. SEITE 235

Philipp Lahm ist Stifter, Unternehmer, Fußballweltmeister (2014) und Ehrenspielführer des Deutschen Fußball-Bundes (DFB). SEITE 229

Holger Lengfeld ist Professor für Soziologie an der Universität Leipzig. Zuletzt erschien zusammen mit Jürgen Gerhards *European Citizenship and Social Integration in the European Union*. SEITE 232

Reinhard Marx ist Kardinal der römisch-katholischen Kirche und Erzbischof von München und Freising. Zuletzt erschien *Kirche überlebt*. SEITE 54, 226

Margit Osterloh ist Forschungsdirektorin am Center for Research in Economics, Management and the Arts (CREMA) in Zürich sowie ständige Gastprofessorin an der Universität Basel. SEITE 218

AUTOREN

Sabine Pfeiffer ist Professorin für Soziologie an der Friedrich-Alexander-Universität Erlangen-Nürnberg mit dem Schwerpunkt Technik, Arbeit, Gesellschaft. SEITE 234

Randolf Rodenstock ist Vorstandsvorsitzender des Roman Herzog Instituts (RHI), zudem Honorarprofessor an der Technischen Universität München und Ehrenpräsident der Vereinigung der Bayerischen Wirtschaft e. V. SEITE 4, 157, 230

Magdalena Rogl ist Head of Digital Channels bei Microsoft Deutschland und somit zuständig für die digitale Unternehmenskommunikation. SEITE 222

Gerhard Roth ist Hirnforscher und Leiter des Roth-Instituts in Bremen. Zuletzt erschien *Warum es so schwierig ist, sich und andere zu ändern. Persönlichkeit, Entscheidung und Verhalten*. SEITE 94

Dagmar Schipanski war Rektorin des Studienkollegs Berlin, zuvor unter anderem Rektorin der TU Ilmenau und Ministerin für Wissenschaft, Forschung und Kunst in Thüringen. SEITE 219

Christoph M. Schmidt ist Präsident des Leibniz-Instituts für Wirtschaftsforschung (RWI) sowie Professor für Wirtschaftspolitik und angewandte Ökonometrie an der Ruhr-Universität Bochum. SEITE 68

Neşe Sevsay-Tegethoff ist Geschäftsführerin des Roman Herzog Instituts (RHI). Davor wissenschaftliche Mitarbeiterin am Extraordinariat für Sozioökonomie der Arbeits- und Berufswelt, Universität Augsburg. SEITE 4, 223

Andreas Urs Sommer ist Professor für Philosophie an der Albert-Ludwigs-Universität Freiburg. Schwerpunkt: Kulturphilosophie. Zuletzt erschien *Nietzsche und die Folgen*. SEITE 233

Thomas Straubhaar ist Professor für Volkswirtschaftslehre an der Universität Hamburg mit dem Schwerpunkt internationale Wirtschaftsbeziehungen. Zuletzt erschien *Die Stunde der Optimisten. So funktioniert die Wirtschaft der Zukunft*. SEITE 182

Susanne Veldung ist seit Anfang 2018 Mitarbeiterin einer strategischen Markenberatung. Zuvor wissenschaftliche Mitarbeiterin und Doktorandin am Lehrstuhl für BWL und Marketing an der Julius-Maximilians-Universität Würzburg. Ihr Forschungsgebiet: nachhaltige und verantwortungsvolle Unternehmens- und Markenführung. SEITE 170

Isabell Welpe ist Inhaberin des Lehrstuhls für Strategie und Organisation an der Technischen Universität München. Ihre Schwerpunkte sind strategische Führung, Zukunft der Arbeit und Auswirkung digitaler Technologien auf Organisationen. SEITE 216

Klimaneutral
Druckprodukt
ClimatePartner.com/12752-1803-1001

Zum Ausgleich für die entstandene CO_2-Emission bei der Produktion dieses Buches unterstützen wir die Erhaltung und Wiederaufforstung des Kibale-Nationalparks in Uganda. Das Projekt trägt zum Klimaschutz bei, indem die Bäume bei der Fotosynthese Kohlenstoff aus der Luft binden, es schützt die Biodiversität des tropischen Waldes und sichert 260 Arbeitsplätze.

Bibliografische Information der Deutschen Nationalbibliothek
Die Deutsche Nationalbibliothek verzeichnet diese Publikation in der Deutschen Nationalbibliografie; detaillierte bibliografische Daten sind im Internet über http://dnb.dnb.de abrufbar.

Print: ISBN 978-3-648-13565-5 Bestell-Nr. 10388-0001
ePub: ISBN 978-3-648-13841-0 Bestell-Nr. 10388-0100
ePDF: ISBN 978-3-648-13566-2 Bestell-Nr. 10388-0150

Randolf Rodenstock
Neşe Sevsay-Tegethoff
2020. Der Zukunftsnavigator
1. Auflage 2019
© 2019 Haufe-Lexware GmbH & Co. KG, Freiburg
www.haufe.de
info@haufe.de

Lektorat, Redaktion: Heike Littger
Layout/Grafik: Christoph Schulz-Hamparian
Druck und Bindung: Steinmeier GmbH & Co. KG, Deiningen
Printed in Germany

Dieser Titel ist ein Produkt aus der Reihe
»Professional Publishing for Future and Innovation by Murmann & Haufe«
Weitere Informationen zum Murmann Verlag finden Sie unter
www.murmann-verlag.de

Das Werk einschließlich aller seiner Teile ist urheberrechtlich geschützt. Jede Verwertung ist ohne Zustimmung des Verlages unzulässig. Das gilt insbesondere für Vervielfältigungen, Übersetzungen, Mikroverfilmungen und die Einspeicherung und Verarbeitung in elektronischen Systemen.

Der Verlag weist ausdrücklich darauf hin, dass er, sofern dieses Buch externe Links enthält, diese nur bis zum Zeitpunkt der Buchveröffentlichung einsehen konnte. Auf spätere Veränderungen hat der Verlag keinerlei Einfluss. Eine Haftung des Verlags ist daher ausgeschlossen.